젊을 때 배움을 소홀히 하는 자는
과거를 상실하고 미래도 없다.
에우리피데스

할 수 있는 일을 해낸다면 우리 자신이 가장 놀라게 될 것이다.
토마스 A. 에디슨

돈이 있으면 이 세상에서는 많은 일을 할 수 있다.
그러나 청춘은 돈으로 살 수 없다.
다이문트

이 세상은 젊음의 자질을 요구한다.
삶의 시간이 아니라 마음의 상태, 의지의 기질, 상상력의 특질,
소심함을 압도하는 용기, 안락한 삶보다 모험에 대한 욕구이다.
로버트 F. 케네디

잘하는 것도,
하고 싶은 일도 없다는 너에게

잘하는 것도, 하고 싶은 일도 없다는 너에게

펴낸날 2023년 9월 25일 1판 1쇄

지은이_최영숙
펴낸이_김영선
편집주간_이교숙
책임교정_나지원
교정·교열_정아영, 이라야, 남은영
경영지원_최은정
디자인_바이텍스트
마케팅_조명구

펴낸곳 (주)다빈치하우스-미디어숲
주소 경기도 고양시 덕양구 청초로 66 덕은리버워크지산 B동 2007호~2009호
전화 (02) 323-7234
팩스 (02) 323-0253
홈페이지 www.mfbook.co.kr
이메일 dhhard@naver.com (원고투고)
출판등록번호 제 2-2767호

값 17,800원
ISBN 979-11-5874-200-3(43190)

잘하는 것도,
하고 싶은 일도
없다는 너에게

최영숙 지음

미로 같은 현실을 탈출하기 위한
내 꿈 찾기 프로젝트

미디어숲

'세 살 버릇 여든까지 간다'라는 말이 있습니다. 옛날 속담일 뿐입니다. 제대로 된 목표가 있는 학생들은 늘 성장합니다. 무기력한 학생도 서서히 성장할 수 있습니다. 이 책은 학생들에게 꿈과 희망, 목표를 심어주는 책입니다. 자신의 진로에 대한 고민이 있다면 이 책을 꼭 읽어보십시오. 공부는 하고 싶지만 방법을 모르는 학생들은 한 장 한 장 페이지를 넘기다 보면 저절로 고개가 끄덕여질 겁니다. 학생뿐만 아니라 자녀 때문에 고민하는 학부모님, 일선 학교 현장에서 학생들과 사투를 벌이는 선생님들께도 이 책을 적극 추천합니다.

-경상북도청도교육지원청 교육장 이동재-

엔진 없는 자동차는 달릴 수 없습니다. 인터넷의 수많은 정보도 검색 엔진 없이는 찾을 수 없습니다. 엔진이 있어야 움직이는 자동차처럼 사람도 엔진이 필요합니다. 배움을 통해 성장하고픈 욕망은 자동차의 엔진과 같습니다. 희망을 품은 목표는 무수히 많은 길에서 정보를 찾아주는 검색 엔진이 되어 줄 것입니다. 목표를 향해 달리기 위해서 여러분 마음속에 엔진 하나씩 품고 살기를 바랍니다.

-경북기계금속고등학교 교장 계광현-

잔소리가 듣기 싫은 학생에게 그냥 이 책을 권합니다. 잔소리가 서툰 어른들도 이 책을 읽어보십시오. 쓱 건네는 책 한 권이 열 마디의 충고보다 낫습니다. 이 책 한 권에 10대의 취향을 저격하는 각종 진로 아이템들이 예쁘게 전시되어 있습니다. 나를 이해하고 사용하는 매뉴얼부터 자기주도학습의 밥상을 차리는 것까지. 독자 여러분은 단지 잘 차려진 책 속으로 들어가 편안하게 읽으시면 됩니다. 책에서 나올 때는 실행력이라는 쇼핑백을 한가득 들고나오실 겁니다.

-안계고등학교 교장 권기석-

교실에서 학생들과 좌충우돌 함께하며 학생들의 목마름을 가장 잘 아는 선생님! 최영숙 선생님이 학교에서의 경험을 바탕으로 학생들의 가려운 곳을 시원하게 긁어 줄 효자손 같은 책을 내놓았네요.

무엇보다 학생들이 답답할 때 위로가 되고, 바로 찾아보고 실행해 볼 수 있는 해법들이 가득 담겨 있습니다. 이 책이 여러분들 손안에서 스스로 자신을 비추어 진로를 찾아가는 나침반 같은 역할을 하기 바랍니다. 이제 이 책을 손에 든 학생 여러분을 응원합니다. 화이팅!

-장산중학교 교감 전병일-

어린 시절 한여름에 쏟아지는 비바람은 누군가에겐 돌풍으로, 다른 누군가에겐 시원한 소나기로 느껴지기도 합니다. 이 책은 우리 아이들이 인생에서 한번은 겪어야 할 비바람을 견디고 후회 없는 어른으로 성장하기 위한 소중한 'Self 진로 지침서'가 될 것입니다.

-안강중학교 교감 모준형-

이 책은 자전거를 타고 내달리듯 어렵지 않고 편합니다. 내일을 꿈꾸는 청소년이나 학생을 지도하는 선생님이라면 꼭 읽어보았으면 합니다. 아이에 대한 깊은 관심과 사랑, 그리고 오랜 교육 경험과 고민으로 일구어낸 '선물' 같은 책입니다. 저자의 말대로 여러분이 한 편의 시가 될 수 있을 것입니다.

-경상북도영덕교육지원청 장학사, 고려대 교육학 박사 김현수-

이 길이 맞을까, 저 길이 맞을까. 우리는 늘 선택의 갈림길에 서게 됩니다. 하지만 분명한 것은 어떤 길로 가는 게 맞을지는 모르지만 걸어간 길을 내 것으로 만드는 것은 자신의 몫입니다. 이 책은 한창 자기 세계에 빠져있는 10대의 마음을 설득하기보다 목표도 없고, 의욕도 없는 학생에게 최적의 진로 내비게이션이 되어줄 수 있는 책입니다. 진로 상담 선생님의 고민과 에피소드를 통해 요즘 아이들이 자신만의 길을 찾고 꽃을 피워 자신의 몫을 찾는 데 유용한 정보를 제공합니다.

10대들의 가능성에 무한한 믿음을 주는 이 책을 쉽게 자포자기하는 학생에게 추천합니다.

-경상북도경산교육지원청 장학사 박영란-

'무엇을 해야 할지 모르겠다며 진지하게 꿈을 찾으려 하지 않는 학생, 꿈이 없다며 매사에 무기력해 보이는 학생, 뭔가 하고 싶은 것은 많지만 무엇을 선택하면 좋을지 몰라서 답답해하는 학생' 등 미래가 불투명해서 어디로 가면 좋을지 고민이 되는 학생이라면, 그냥 아무런 생각하지 말고 이 책을 읽어보라고 하고 싶네요. 그리고 어설프게 잔소리만 늘어놓는 어른들도 이 책을 한번 읽어보길 강력히 추천합니다. 책장을 넘겨보면 재미있는 '진로' 이야기 보따리가 펼쳐지고, 그 보따리 속에서 자연스럽게 '나'를 제대로 찾게 될 것입니다. 왜냐하면 여러분의 취향을 저격하는 각종 '진로 아이템'들이 가득한 보따리가 있고, 그 보따리 속에 여러분의 진로 고민을 해결해 줄 '답'이 들어있기 때문이죠. 이 책을 읽고 나면 '내 꿈과 비전', 그리고 이것을 가능하게 할 '자기 주도적 행동력'이라는 보따리를 한가득 들고나올 것입니다. 여러분의 꿈을 응원합니다!

-경북진로진학교과교육연구회 회장 고백순-

아침마다 진로실은 학생들로 북적거립니다. 자신의 이야기를 들려

주고 싶은 중학생 아이들이 하루를 시작하는 일은 끊임없이 에너지를 소비하며 재미난 일을 찾아내는 과정입니다. 샘솟는 아이디어를 발휘하여 영상을 후딱 만들기도 하고 뮤지컬, 댄스, 랩, 밴드에 도전하는 꿈 많은 아이들은 여전히 오늘도 진로를 고민하고 있습니다. 무한한 잠재력을 지닌 우리 아이들에게 이 책은 진로와 수업을 잇는 내비게이터의 역할을 충분히 할 수 있으리라 자신합니다. 거침없는 추진력으로 진로를 고민하는 아이들을 위한 책을 설계하신 최영숙 선생님의 열정에 박수를 보냅니다.

-신상중학교 교사 김미형-

진로의 정의는 좋아하는 것, 잘하는 것이라 생각합니다. 이 책은 좋아하고 잘하는 것을 모르는 요즘 학생들에게 디딤돌의 역할을 하는 것 같다는 생각이 들었습니다. 소중한 에피소드와 진로 키워드가 조화를 이뤄가며 우리에게 방향을 알려줍니다. 진로 내비게이션이 최신으로 업데이트되어 있습니다. 머뭇거림 없이 술술 읽힙니다. 그 끝에는 나도 모르게 내적 동기가 장착되어 있을 것입니다.

-포항여자고등학교 교사 최관식-

이 책은 진지하고 무거운 내용이 아니라, 한 번 읽기 시작하면 시간이 가는 줄 모를 만큼 흥미롭고 가벼운 내용으로 구성되어 있습니다.

수업과 상담을 통해 얻은 경험과 함께 학생들에게 전달하지 못한 소중한 말들을 담았습니다.

10대들이 성공을 향해 나아가기 위해 필요한 키워드와 가이드라인을 재미있는 소재와 함께 제시합니다. 학생들은 이 책을 통해 진로 설정에 관련된 중요한 요소들을 쉽게 이해하고 흥미롭게 학습할 수 있을 것입니다. 또한 그들의 미래를 밝게 비춰줄 것입니다. 10대들의 성공에 도움이 되기를 바랍니다.

-포항동해중학교 교사 추연일-

세상에서 가장 힘든 일 중 하나가 남을 설득하는 것입니다. 더군다나 한창 자기 세계에 빠져있는 10대의 마음을 바꾸기는 더더욱 쉽지 않습니다. 이 책을 읽다 보면 진로 상담 선생님의 고민을 엿볼 수 있었습니다. 그런데 어른의 충고처럼 들리지는 않습니다. 그래서 쉽게 읽힙니다. 아이들과 눈높이를 맞추기 위해 각종 영화, 책, 인물들의 자료들을 가져와 상큼하게 버무렸습니다.

-포은고등학교 교사 김단심-

대형서점에 가보면 유독 많은 사람이 서서 책을 읽는 코너가 자기계발서 분야인 듯합니다. 최근에는 자신만의 가치에 몰입하기 위한 습관, 마음가짐과 같은 자기계발서를 찾는 독자가 늘었다고 합니다. 그런데 학교에서 만나는 아이들은 '자기계발이 뭐야?'라는 표정을 짓습니다. '무기력', '포기'와 같은 단어와 더 가까운 표정입니다. 내신 성적과 세특(세부능력과 특기사항)을 챙기는 아이들도 진학 준비에 바쁘지만, 자신의 진로 찾기에는 고개를 갸웃합니다. 그러니 꿈은 계속 바뀌고 어떻게 해야 할지 혼란스러워합니다. 자신의 '진로'보다 사회에서 인기 있는 '직업'이 기준이기 때문이 아닐까 합니다. 이런 우리 아이들에게 자신의 색깔을 찾을 수 있게 하는 내용이 가득한 이 책을 선물한다면 각자 진로에 대한 다양한 색깔의 아름다운 무지개를 만들어낼 수 있을 것 같습니다.

-후포고등학교 교사 박은경-

문제를 지적하기는 쉬워도 해결책을 제시하기는 쉽지 않습니다. 저자는 주제별로 다양한 각도에서 문제를 바라보고 그에 맞는 노하우를 제시하였습니다. 해결 방법 제시에서 끝나는 것이 아니라 실천 노트를 제공하여 독자로 하여금 자기 주도적인 진로 탐구의 기회를 가질 수 있게 하였습니다. 이 책에는 저자의 진로상담 경험을 바탕으로 한 진심 어린 문장들이 담겨있습니다. 이를 읽음으로써 얻는 대리 경험은 독자들의 시행착오를 줄여주고, 보다 긍정적인 선택을 이끌어내기에 충분합니다.

진로에 대한 고민과 결정이 삶의 큰 부분을 차지하는 것이라면 '한 권의 책이 한 사람의 인생을 바꾼다'는 말에 가장 가까운 책이 아닐까 생각해 봅니다.

-경주공업고등학교 교사, 『넌 왜 하필 우리반이니』 저자 장용준-

　　행복은 만족과 즐거움을 느끼는 상태입니다. 그런데 요즘 '행복해지기'는 가장 큰 숙제처럼 느껴집니다. 행복한 학생들을 보기가 어려워졌거든요. 미래를 위해 현재를 포기한 것 같아 안타까운 마음이 들기도 합니다. 학생들도 행복하게 공부할 권리가 있습니다. 공부와 행복이라니. 어째 잘 맞지 않는 조합인 것 같지만, 이 책은 어울리지 않는 두 요소를 퀼트 만들듯이 한 땀 한 땀 꿰어 조합하였습니다.

-장산중학교 교사 윤춘희-

　　진로 찾기란 '나는 누구인가'에 대한 물음을 따라가는 과정이며, 세상에 단 하나뿐인 '나'의 개성을 찾아 발현하는 과정, '나'를 사랑하는 삶 그 자체다. 책을 읽으며 늘 비교로, 걱정으로 나를 책망하던 마음이 사르르 녹는다. 너는 너만의 속도, 너만의 방향이 있는 귀한 존재라는 메시지를 가르치려 들지 않고, 꾸짖지 않고 초지일관 따뜻한 미소로 전하고 있다. 학생뿐 아니라 오늘의 진로, 삶에 응원이 필요하다면 누구라도 들러보시길 추천한다.

-경북기계금속고등학교 교사, 『과학샘의 그라운딩, 자연에서 춤추다』 저자 윤송미-

진로 찾기가
이렇게 재미있을 줄이야

아침 등교 시간에 학생들이 줄줄이 현관에 들어옵니다. 다들 블루투스 이어폰을 끼고 있어 자신이 듣고 싶은 소리만 들을 뿐 다른 소리들은 차단해 버립니다. 소리를 들으라고 만든 물건인데 듣기를 거부하는 데 쓰이고 있습니다. 이상한 건 수업 시간에는 이어폰이 없는데도 선생님의 설명을 잘 듣지 않습니다. 목이 쉬어라 열변을 토해도 듣지 않습니다.

심지어 이런 반이 있었습니다. 교실에 입장하면 미친 듯이 울부짖는 정글 같은 곳. 몇몇 학생만 선생님의 눈치를 살피며 얌전히 앉아 있습니다. 어떤 아이는 필터를 거치지 않고 입에서 나오는 대로 말합니다. 하고 싶은 말을 다 해야 얌전해집니다. 속으로 '참자'를 몇 번 되뇌이면서 학생들에게 주의를 주고 나서야 수업을 할 수 있습니다. 저의 설명은 학생들에게 가닿지 못하고 공기 중으로 흩어집니다. 진정이 안 되고 날뛰던 녀석들은 엎드려 자기 시작합니다. 수업이 끝난 후 흔들리는 멘탈을 간신히 부여잡고 교실에서 퇴장합니다.

이런 녀석들을 내 편으로 만들기 위해 수업 자료를 개발했습니다. 관심을 끌 만한 자료가 있으면 내 방식으로 정리했습니다. 영상이 길면 토막 내어 보여 주었고, 책에서 건진 유익한 자료는 퀴즈 형식으로 다가갔습니다. 학생들은 줄줄이 오답을 외치면서도 즐거워합니다. 수업 시간에 대답을 했다는 것 자체가 재미있나 봅니다. 오답 행진으로 재미있는 예능 한 편을 본 것 같았습니다. 기상천외한 대답이 나오는 걸 보면 창의력에는 한계가 없다는 걸 알 수 있더군요. 무기력증에서 벗어난 학생도 간간이 보입니다.

한 학생이 "선생님, 진로는 시험 안 치나요? 시험 치면 100점 맞을 것 같은데."라며 큰소리 칩니다. 진로 수업이 재미있었나 봅니다. 저는 무기력한 학생들을 내 편으로 만들었습니다. 이 책은 이러한 노하우가 담긴 책입니다. 여러분이 각자의 진로를 찾아 성장할 수 있도록 쉽게 그 방법을 설명했습니다.

　방향감각이 무딘 사람을 '길치'라고 부릅니다. 특히 처음 가는 길
이라면 신경을 곤두세워야 목적지에 겨우 도착합니다. 우리들 대
부분은 진로를 찾는 데 길치나 다름없습니다. 다들 처음 가는 길입
니다. 게다가 그 길은 서울 한복판의 도심과 같아서 높은 건물과 네
온사인이 시야를 가로막습니다. 경로를 잘못 설정하면 돌아가는
데 굉장히 많은 시간이 소요됩니다. 이런 경우입니다.
　"선생님, 저 전학 가고 싶어요."
　"학교 그만둘래요."
　진로 상담 요청 중 상당 부분을 차지하는 고민입니다. 그 이유는
친구와의 불화, 내신 관리, 적성과 맞지 않는 교육과정 등입니다.
진로 상담을 하긴 하지만 결국 그 답은 본인이 결정합니다. 이대로
갈지 그만둘지 스스로 선택합니다. 고민하다가 결국은 스스로 해
결의 실마리를 찾습니다.
　"전학 가도 내신이 잘 나온다는 보장은 없으니, 여기서 열심히
할래요."

"제가 원하는 공부를 여기서 할 수 없으니, 그만두고 검정고시 보겠습니다."

"직업계 고등학교 말고 일반고로 전학 가서 공부에 올인하겠습니다."

"친구와 갈등이 있긴 하지만, 여기서 다른 친구들을 사귈래요."

위의 학생들은 고민하다 시간을 낭비한 것이 아닙니다. 진로를 고민하면서 소중한 게 무엇인지 배웠을 것입니다. 스스로 선택했으니 결과에 책임질 것입니다.

자기 자신을 학교에서 버리는 카드라고 여기는 학생이 있습니다. 학교에서 버리는 카드는 없습니다. 저는 수업 시간에 다양한 활동을 통해 학생들을 관찰합니다. 같은 성격, 같은 꿈, 같은 능력을 가진 학생은 단 한 명도 없습니다. 다만 가만히 앉아 수업만 듣거나 딴생각을 하기에 개성이 드러나지 않았을 뿐입니다.

지금 당장 잘하는 게 없어도, 하고 싶은 게 없어도 괜찮습니다. 중·고등학교 때 빛을 발휘하지 못한다고 '이생망(이번 생은 망했어)'이 아닙니다. 하루하루 충실하게 꿈을 찾기 위해 경험을 쌓고 실력을 쌓는 것이 중요합니다. 뻔한 말이지만 인생의 진리는 평범합니다. 조급하게 생각하지 말고 꿈을 이루는 과정도 소중하게 생각한다면 못할 것이 없습니다.

 새로운 반에서 자기소개를 하는 시간이면 '뇌 구조 그리기'를 하곤 합니다. 혹시 해본 적이 있나요? 시시각각 요동치는 나의 뇌 구조를 어떻게 그려야 하나 막막해하던 학생들의 표정이 떠오릅니다.

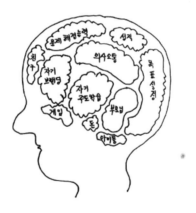

 뇌 구조를 그린다고 해서 '나'에 대해 알 수 있는 것은 아닙니다. 더군다나 수업 시간에 그린다면 선생님과 친구들을 의식하지 않을 수 없으니 솔직하게 그리기도 힘들죠. 다만 저는 진로교사로서 뇌

에 진로 성공 키워드를 심는다면 어떤 단어가 들어갈까 고민해 보았습니다. 공부, 진로, 친구 관계 등 여러 인생 문제 앞에서 질풍노도의 시기를 지나는 여러분에게 진로 성공 키워드와 관련한 이야기를 들려준다면 학생들의 뇌에 자그마한 성공 세포가 자라나지 않을까 하는 기대감으로요. 이 성공 세포가 세포분열을 하고 점점 더 세력을 키우면 우리가 원하는 인생의 목적지에 도달하지 않을까요?

세포 중에서도 무서운 세포가 있죠. 정상세포는 자기 기능을 다하고 노화해 죽지만, 암세포는 무한증식을 할 뿐 죽지를 않는대요. 한국인 사망 원인 1위는 연령별로 조금 다르긴 하지만 암이라고 하니 암세포가 얼마나 무서운지 느껴지죠. 그런데 청소년기에 암세포만큼 전이가 빠른 것이 '불안'과 '무력감'입니다. 수업 시간에 시끌벅적 떠드는 반이 의욕 없는 반보다 훨씬 낫습니다. 떠드는 반은 주의를 좀 주면 소란스러움이 사그라들지만, 의욕 없는 반은 수업을 진행하기가 힘들거든요. 쉬는 시간에 친구들이 떠들어도 수행평가나 학원 숙제가 눈앞에 있으면 절박한 마음에 쉴 틈 없이 공부하는 자신을 발견할 때가 있어요. 그런데 옆에서 친구가 "에이 공부해서 뭐 하냐? 지금 한다고 되냐?"라고 하면 괜히 하기 싫어집니다. 무력감도 전염이 되는지 한풀 꺾인 학습 의욕은 아무리 물을 줘도 되살리기가 쉽지 않습니다.

시들시들해진 나에게 생기가 돌도록 하려면 어떻게 해야 할까요? 공부는 해야 하는데 의욕은 생기지 않고, 친구에게 털어놓으니 "뭐 열심히 하던데. 나보다는 낫네."라고 별 도움 안 되는 말만 늘어놓죠. 부모님께 말씀드리면 걱정하실 것 같고, 혼자서 어떻게 잘 이겨내 보고 싶은데 잘 안될 때 이 책을 읽어 보세요. 어느 지점에서 여러분을 자극할지는 모르겠지만, 하고 싶은 게 뭔지 잘 몰라서 오는 불안과 무력감을 날려 줄 거예요.

이 책은 각종 자기계발서, 영상, 심리학 도서로부터 자료를 모아모아 저만의 방법으로 합성한 것입니다. 녹색식물이 흡수한 물과 이산화탄소를 가지고 빛을 받아 포도당을 합성하듯이 말이죠. 포도당은 에너지로 사용하고 산소는 공기중으로 배출하므로 녹색식물이 많은 곳에 가면 상쾌함이 느껴집니다. 여러분도 이 책에 있는 많은 진로 수업 이야기를 합성하여 여러분의 에너지로 쓰고, 긍정적인 마인드와 자신감을 배출하여 주변까지 상쾌하게 만들어 주는 사람이 되기를 바랍니다.

어떻게 살아야 할지, 뭘 하며 살아야 할지를 찾아가는 데 한 가지 정답만 있는 것은 아니에요. 책 속 '진로 노트'에 있는 다양한 질문들에 각자 답을 적어 가다 보면, 진로는 물론 어떻게 살아가야 할지도 길을 찾을 수 있을 거예요. 이 책이 각자 자신의 길을 찾아 당당히 걸어가기 위한 내비게이션이 되기를 바랍니다.

"의욕을 과다복용한 진로쌤이
부작용 전혀 없는 응원을 열렬히 보냅니다."

저자 최영숙

차례

PART 1 **'나'를 아는 것은 모든 것의 첫걸음**
-자기 주도 탐구 기술

'나'를 아는 것은
모든 것의 첫걸음
-자기 주도 탐구 기술

PART
1

'마블리'가 알려 준
나의 필살기 찾는 법

　'마블리'를 아시나요? 우락부락한 근육과 힘으로 깡패들을 압도하는 인물, 따귀 한방으로 범인을 제압하고 참교육하는 인물, 큰 덩치에 어울리지 않게 수줍게 웃는 얼굴로 '러블리하다'라는 찬사를 받는 영화배우 마동석을 일컫는 말입니다.

　〈범죄도시〉 시리즈가 누적 관객 수 3천만 명을 돌파했다고 해요. 한국 시리즈 영화로써는 처음 세운 기록이랍니다. 마동석의 인기를 새삼 실감할 수 있었습니다. 주인공으로 나온 마동석을 다른 배우로 대체할 수 있을까요? 악당을 두려워하지 않는 당당함과 근육으로 무장한 힘, 특유의 유머러스한 표정까지 영화 속 '마석도'가 마동석 그 자체인데, 대체 불가이죠.

　마동석은 열아홉 살 때 가족이 모두 미국으로 이민을 갔다고 합니다. 그 당시 그는 같은 나이 때 치곤 60킬로그램의 작은 체구였는데, 연약한 동양인이라고 무시당하기 싫어 운동을 시작했답니다. 데뷔 초만 해도 마동석의 몸이 지금처럼 거구는 아니었는데 영화 〈부산행〉을 찍으면서 한층 '벌크업'한 몸이 되었지요. 현재 100킬로그램 정도의 근육질 몸매인데, 단백질 셰이크만 마신다고 그렇게 될 수는 없었겠죠. 필사적인 몸 만들기 끝에 '헐크의 몸에 괴력을 지닌 사나이'라는 한국 영화계의 유일무이한 캐릭터가 되었습니다.

마동석이 처음부터 근육질이 아니었듯이 시작부터 개성을 발휘하는 사람은 없습니다. 무언가를 시도하는 도중에 발견하는 것이지요.

이 세상에 개성 없는 사람은 없다

자신을 한 문장으로 설명해 보라고 하면 '평범하다'라고 적는 학생들이 많습니다. 차라리 '조용하지만 하고 싶은 일은 많은 학생', '말은 없지만 친구의 말을 귀담아 들어주는 학생', '학교에서 존재감은 없지만 혼자서 음악 듣는 걸 좋아하는 학생' 등으로 적으면 나중에 대화할 거리가 생기는데, 평범하다고 해 버리면 더 이상 그 사람에게 하고 싶은 질문이 사라집니다.

80억 인구 중 같은 사람은 아무도 없습니다. 모두가 각자의 개성을 가지고 있지요. 여러분은 이 세상에서 유일무이한 사람입니다. 개성은 누구에게나 있습니다. 다만 찾으려고 하지 않거나 아직 못 찾았을 뿐이지요.

학교 회식자리에서 2학년 부장 선생님이 돌아가면서 자기 자랑을 해 보자고 제안하셨어요. 선생님들이 시계방향으로 돌아가며 '초등학교 때 육상대표', '중학교 때 발명대회 대상' 등을 이야기하는데 제 차례가 다가오자 조마조마했어요. 자랑거리가 도저히 생각나지 않는 거예요. 나만의 매력 포인트를 말하려고 끙끙대고 있는데, 이런 분위기를 감지한 2학년 부장 선생님이 먼저 "자기는 애들에게 화를 안 내더라."라며 저를 칭찬하자 선생님들이 "맞아, 맞아!"라고 맞장구를 쳐주었어요. 생각해 보니 그렇더라구요. 육아멘토 오은영 박사도 저희 학교의 '금쪽같은 내 새끼들' 앞에서 화를 참기는 힘들 거예요. 그 어려운 걸 제가 해냅니다. 학생들에게 화를 낸 적이 거의 없어요. 즉, 멘탈 관리를 잘한다는 거죠.

여러분도 필살기, 킬링 포인트를 찾거나 만들도록 노력해 보세요. 사소한 것도 괜찮아요. 차별화 없이는 급변하는 세상에서 새로운 기회를 얻기가 힘듭니다. 개인의 필살기란 강점과도 통하고, 적성과도 연결이 됩니다. 진로 찾기에서 적성을 중요하게 다루는데, 여기서 '적성'이란 '적절한 기회가 주어질 경우, 특정 분야의 기능이나 지식을 획득할 수 있는 능력, 특정 영역에서 능력을 발휘하는 잠재적인 가능성, 특정 직업에 대한 각 사람의 적응 능력, 다른 일에 비해 상대적으로 잘할 수 있는 능력' 등을 뜻합니다. 흔히 적성이라고 하면 타고난 능력으로 오해하는 사람들이 있지만, 훈련이나 경험 등을 통해 발전시킬 수 있는 것이 적성이랍니다.

자신의 적성이 무엇인지 아는 학생은 행운아입니다. 혹시나 내 적성이 무엇인지 모른다고 실망하지 말기 바랍니다. 적성을 찾는 것만큼 어려운 일도 없으니까요. 왜냐고요? 적성은 살아서 움직이는 물고기처럼 변하기 때문입니다. 우리 모두는 살아서 움직이고 있고, 성장하고 있습니다. 새로운 것을 배우고 경험하며 적성을 알아갑니다.

적성은 타고난 능력이 아니에요

청소년 시절, 마동석은 자신이 배우가 될 거라곤 짐작조차 못 했습니다. 게다가 거대한 팔뚝과 등빨로 유일무이한 캐릭터가 될 거라곤 더더욱 예상하지 못했지요. 분유 장사, 설거지, 막노동 등 닥치는 대로 여러 일을 전전하다가 웨이트 트레이너가 적성에 맞아 그 일을 하게 됐습니다. 그러던 중 친구의 권유로 배우 오디션까지 보게 된 거죠.

적성은 어떻게 찾을 수 있을까요? 여러분은 학생 신분인 만큼 마동석처럼 여러 일을 경험해 볼 수도 없는 노릇이니 다른 방법을 찾아 봐야겠지요.

첫째, 오랫동안 해도 덜 피곤한 일이 있어요

예를 들면 체육시간에 축구를 하는데 열정적으로 참여하는 학생이 있는가 하면 시큰둥한 학생도 있습니다. 모두가 축구를 좋아하는 건 아니에요. 축구를 좋아한다면 몸을 움직이는 일이 적성에 맞을 수 있겠지요.

의견을 물어보면 선생님의 눈을 피해 시선을 돌리는 학생이 있는 반면, 어떤 주제에 대해 말하는 것을 즐기는 학생이 있습니다. 자신의 생각과 의견을 표현하는 것이 적성에 맞아서 그래요. 여러 활동 중에 '시간 순삭(순식간에 삭제)'을 경험했다면 적성에 맞는 일이었을지도 몰라요. 글쓰기, 태양광 자동차 만들기, 운동화 디자인하기, 친구들에게 물건 팔기 등을 했는데 피곤하지 않고 즐거웠다면 자신의 적성에 맞는 일일 가능성이 큽니다.

둘째, 다른 사람에게 물어보세요

부모님, 선생님, 친구 등 누구든 괜찮습니다. 진로시간에 자신의 장점을 적는 활동을 하는데 몇몇 아이들이 실망한 표정으로 엎드려 있더라고요. 도저히 모르겠다면서요. 그동안 지켜본 제가 그 학생의 장점을 말해 주었습니다. 그 학생은 활짝 웃으며 "제가 그래요?"라고 말하더니 자신의 장점을 적기 시작했어요. 본인이 물어보지 않아도 지나가는 말로 선생님이 칭찬을 던지실 때가 있습니다. 친구들이 '우와!' 할 때도 있고요. 그런 사소한 것에서부터 시작해 우리는 강점과 적성을 찾아갑니다.

셋째, 적성은 바뀔 수 있어요

나의 적성에 한계를 두지 말라는 얘깁니다. 직업적성검사, 직업 흥미검사 등을 하면서 나의 적성을 찾아가지만 결과는 매년 달라 집니다. 신뢰도가 떨어지니 하지 말라는 말이 아니라, 세상에 고정 불변인 것은 없다는 얘기입니다. 시대가 변하니 직업이 요구하는 적 성도 바뀝니다. 과거의 농부에게 필요한 적성이 밭에 가서 땀 흘리 며 일할 수 있는 체력과 성실함이었다면, 현대의 농부에게는 농작물 재배 기술을 습득하고 홍보 전략을 세우는 것까지 요구됩니다.

같은 시대, 같은 직업이라도 맡은 업무에 따라 필요한 적성이 다 릅니다. 제가 담임교사일 때는 학급에서 발생하는 다양한 사건들 을 해결하는 문제 해결 능력이 요구되었다면, 진로교사가 된 후에 는 함께 진로 탐색을 하고 진로 고민을 들어주는 공감 능력이 더 많 이 요구되었거든요. 적성에 맞아서 그 일을 선택했다기보다는 일 을 하다 보면 적성이 생기기도 합니다.

넷째, 관심 없는 분야에도 호기심을 가져 보세요

'친구 따라 강남 간다'라는 말이 있지요. 원래 자신은 할 마음이 없었는데 친구가 하니까 덩달아 하게 될 때 쓰는 말입니다. 그런데 친구는 오디션에 떨어지고 본인만 덜컥 붙어 가수로 성공한 인물이 있습니다. 가수가 꿈이 아니었는데도 말이죠. 요즘 뜨거운 사랑을 받고 있는 가수 임영웅입니다. 고등학교 시절 야간 자율학습을 하지 않으려면 학원을 등록해야 했는데, 그때 친구 따라 보컬학원에 가게 되었습니다. 보컬학원도 오디션을 통과해야만 등록할 수 있었답니다. 그런데 친구는 떨어지고 임영웅만 덜컥 붙어버린 거죠. 그 이후로 가수의 길에 들어서게 되었고 지금의 임영웅이 되었습니다. 가수가 관심 분야는 아니었지만, '호기심'을 가지고 보컬학원에 갔기 때문에 가수가 된 건 아닐까요? 이렇듯 적성은 관심 밖의 분야에서도 찾을 수 있답니다.

유튜브 알고리즘은 나의 취향을 저격할 만한 영상을 추천해 줍니다. 시간 가는 줄 모르고 영상에 빠져듭니다. 재미는 있을지 몰라도 다양한 정보를 얻지는 못합니다. 적성을 찾기 위해서는 취향에 맞는 정보뿐만 아니라 관심 밖의 분야에도 한 발짝 내딛는 용기가 필요합니다.

"공부는 내 적성에 안 맞아."라면서 포기하고 싶은 마음이 수시로 생기곤 합니다. 공부의 의미를 '시험을 잘 치기 위해 문제집을 풀고 외우는 과정'으로만 한정해서 그렇습니다. 문제집을 풀고 외우는 것만 공부로 생각한다면 공부가 적성에 맞는 사람은 글쎄요,

과연 몇 명이나 될까요?

'잠재력을 찾자'라고 하면 잠재력은 집어치우고 '잠과 재력'만을 원한다고 하지는 않겠죠? 적성이든 강점이든 '잠과 재력'이든 세상에 공짜는 없습니다.

꿈을 찾는 10대를 위한 진로 노트

★ 작은 실천을 위한 꿈의 기록

나에 대한 자랑을 한번 써 보세요. 생각할 시간은 충분히 드릴게요. 나의 매력 포인트는 무엇인지 곰곰이 떠올려 보고 뽐내 보세요.

★ 함께하면 좋은 영상

<범죄도시> 감독이 만든 마동석의 형사 캐릭터 비화: <방구석 1열> 8회
https://www.youtube.com/watch?v=_xucZHHdZNo

36

버리고 싶은
단점이 있을 때

세상에서 가장 버리고 싶은 것 중 하나가 나의 단점입니다. 외모로 국위 선양한다는 차은우 정도 되면 모를까 다들 외모 콤플렉스 하나씩은 있게 마련이죠. 외모의 기준을 예쁘고 잘생긴 아이돌에 두면 괴리감도 커집니다.

이제부터 외모의 기준을 '나'로 잡고 자신감을 가져 보세요. 면접에서도 외모보다는 인상을 더 봅니다. 인상이란 그 사람이 풍기는 전체적인 이미지입니다. 긍정적인 이미지는 자신감과 당당함에서 나옵니다. 지금부터 어두운 표정, 굳은 얼굴은 버리고 거울 앞에 서서 당당하게 자신을 바라보세요. 거울 속에 세상에서 가장 멋진 사람이 있지 않나요?

Be Myself 그냥 나답게 행동하세요.

Love Myself 자신을 사랑해 주세요.

Respect Myself 스스로 나를 존중하고 칭찬해 주세요.

Care for Myself 이 세상 누구보다 더 자신을 아끼세요.

Believe in Myself 전적으로 자신을 믿어야 해요.

외모만 그런 것이 아니라 성격도 못마땅하다고요? 주변에 친구
들도 많고, 수업 분위기도 주도하고, 학교 축제에서 멋지게 노래도
불러보고 싶은데 그런 학생은 소수에 불과합니다. 또한 성격이 좋
으면 성적이 낮고, 성적이 좋으면 외모가 부족한 것 같고 단점 없는
사람은 없지요. 한마디로 완벽한 사람은 없습니다.

콤플렉스나 단점에 'And'를 붙이고 굴복하면 열등감이 되지만,
'But'을 붙여 보세요. 반전이 일어납니다. 예를 들어 볼게요.

리오넬 메시는 성장호르몬 결핍증으로 인해 키가 작았다. But 작은 키
를 이용해 순발력과 스피드를 키우는 훈련을 했다. 덕분에 재빠르게 돌
파하고, 갑자기 멈춰도 중심을 잘 잡아 축구의 신이 되었다.

배우 지망생이었던 마크 러팔로는 10년간 오디션에서 800번이나 낙방
했다. 그 당시 레오나르도 디카프리오 같은 미남 배우들이 대세였고, 평
범한 얼굴의 그에게 아무도 주목하지 않았다. 그러다 인고의 노력 끝에

한 영화의 주연으로 발탁되었고, 왕성하게 활동하려는 시점에 뇌종양 판정을 받는다. 수술 후유증으로 배우에겐 치명적인 안면마비까지 왔다. But 꾸준한 재활 치료와 연기 열정 덕분에 그는 헐크가 되었다.

외향적인 성격보다는 내성적인 성격의 아이들이 성격에 대한 고민을 많이 합니다. "성격이 활달해서 고민이에요."라는 말은 들어 본 적이 없습니다. 내성적인 성격 때문에 고민하는 아이들은 우리가 생각하는 것보다 더 많을 수도 있습니다. 자신을 잘 드러내지 않으니 고민을 하는지도 남들은 잘 모르니까요.

내성적인 성격이 고민이라면 그걸 역이용하면 됩니다. 말은 없더라도 다른 사람의 말을 잘 들어줄 수 있습니다. 혼자 있는 시간이 많으니 다양한 아이디어를 가지게 됩니다. 많은 친구들과 사귀지는 못해도 신뢰가 쌓이는 인간관계를 만들 수 있습니다. 말을 하지 않는 대신에 일에 집중하여 효율성을 높일 수 있습니다.

성격을 바꾼다는 건 자신을 완전히 뜯어고치는 거나 다름없습니다. 성형수술로 따지면 견적을 낼 수 없을 정도로 어마어마한 힘이 들겠지요. 그보다는 내 성격을 있는 그대로 인정하고 잘하는 부분에 집중하면 됩니다. 나의 성격을 머릿속에만 저장해 두지 말고 적어 보세요. 장점에는 집중하면서 단점이 있다면 어떻게 극복할지도 고민해야 합니다. 내 성격을 대충은 알겠는데 말로 표현하려니 어렵죠? 적절한 어휘가 떠오르지 않는다면 두 가지 팁을 줄게요.

첫째, MBTI 검사를 해 보세요

예를 들어 검사 후 결과가 INTP 유형이라고 나왔습니다. 내가 수긍할 만한 결과라고 생각이 되면 그 유형에 대한 성격을 검색해 보는 겁니다. 네이버, 구글 등 포털 사이트에서 쉽게 찾을 수 있어요. MBTI에 대한 관심이 유행처럼 번졌기 때문에 상당히 자세하게 설명되어 있습니다. 그런 문장들 중에서 몇 개를 발췌하여 나의 경험과 버무립니다. 성격의 장단점을 그럴듯하게 적을 수 있을 거예요.

둘째, 성격과 관련된 자신의 별명을 만들어 보세요

별명을 여러 개 지어 보고 왜 그러한 별명을 지었는지 구체적 경험과 함께 설명을 덧붙이면 됩니다. 예를 들어 '관심 분야를 끝까지 파고드는 두더지, 호기심이 많고 창의적인 열정 만수르, 사람을 좋아하는 따뜻한 휴머니스트' 등으로 별명을 지었다면 그 이유와 구체적 경험을 덧붙여 적어 보세요.

자, 이제 누군가 여러분의 단점에 대해 물었다고 가정해 봐요. "저는 단점이 없는 것이 단점입니다."라고 할 건가요? 자신의 단점을 아는 것은 객관적으로 자신을 바라보고 있으며, 주변의 피드백을 받아들일 준비가 되어 있다는 것을 보여 줍니다. 자신의 문제를 제대로 알고 개선한다면 단점이 있어도 훌륭히 성장할 수 있습니다.

★ 작은 실천을 위한 꿈의 기록

1. 거울을 보고 나에게 웃어 주세요.

　거울 속의 내 모습이 ＿＿＿＿＿＿＿＿＿＿＿＿ 보여요.

2. 여러분 성격의 장단점을 적고, 단점을 개선하기 위해 어떤 노력이 필요한지 적어 보세요.

----

3. 여러분의 외모가 혹시 꿈을 이루는 데 방해가 되나요? 외모 때문에 자신감이 없나요? 그럼에도 불구하고 극복할 수 있는 방법에 대해서 생각해 보세요.

4. 단점을 극복하고 성공한 인물의 사례는 우리에게 용기를 줍니다. 책, 인터넷 영상 등에서 단점을 극복한 사례를 찾아봅시다.

• 단점 극복 인물:

• 단점 유형:

• 극복 방법:

• 성과:

★ 함께하면 좋은 영상

인지심리학자가 말하는 손쉽게 자신감 되찾는 법!(Feat.자세의 중요성): 인지심리학자 김경일의 <어쩌다 어른>
https://www.youtube.com/watch?v=CnH1uyYf7jk

어떻게
'나'의 가치를 높일까

예전에 콜라의 양대 산맥인 펩시와 코카콜라가 블라인드 테스트를 진행했습니다. 아무 표시가 없는 컵에 두 개의 콜라를 따라 주고 사람들에게 맛 평가를 부탁한 거죠. 그런데 51%가 펩시를 선택했고, 콜라의 원조인 코카콜라는 44%만 선택했습니다. 다들 충격이었어요.

문제는 그다음 실험입니다. 컵에다 브랜드 이름을 붙이고 다시 테스트합니다. 이번에는 펩시가 23%였고, 65%가 코카콜라의 손을 들어주었죠. 왜 이런 결과가 나왔을까요?

신경과학자 리드 몬테규Read Montague는 67명의 피실험자를 기능성 자기공명영상fMRI 장치 안에 들어가게 합니다. 본인이 마신 콜라가 어떤 브랜드인지 모르는 상태에서 대뇌 반응을 살펴보니 모두 동일한 뇌 영역, '측중격핵(달콤한 맛을 느끼는 부분)'이 크게 활성화되었습니다.

반면에 브랜드를 알려 주자 코카콜라를 음미할 때는 측중격핵 외에도 정서적 판단과 브랜드 가치를 평가하는 '복내측 전전두엽 피질'의 활동이 크게 증가했습니다. 펩시를 마실 때는 그렇지 않았고요. 코카콜라 브랜드에 대한 정서와 기억이 펩시 브랜드보다 훨씬 강력하게 작용하고 있음을 알려 줍니다.

이것이 브랜드의 힘입니다. 브랜드를 인지한 상태에서는 콜라의 맛도 달라집니다. 사람들의 뇌가 특정 브랜드를 무의식적으로 좋다고 인지하면 기대치가 생깁니다. 단순히 맛 외에도 강력한 브랜드의 힘이 필요하다는 걸 증명한 거죠.

"가장 개인적인 것이 가장 창의적인 것이다"

〈히든싱어〉는 가수와 5명의 모창 능력자가 블라인드 뒤에서 노래를 부르면 청중단이 '진짜 가수'를 찾는 형식의 음악 예능 프로그램입니다. 모창 능력자의 창법이 진짜 가수와 비슷해서 한 소절씩 부르면 누구의 목소리인지 분간하기 힘듭니다. 오랜 기간 함께 노래한 멤버들도 헷갈릴 정도니까요.

봄이 오는 소리와 함께 벚꽃이 피면 거리에 울려 퍼지는 곡이 있지요. 가수 장범준의 〈벚꽃 엔딩〉입니다. 중독성 있는 멜로디로 벚꽃 개화기 때만 되면 음원 차트를 휩쓸어 '벚꽃 연금', '봄 캐럴'이라는 별명까지 붙었다죠.

가수 장범준이 〈히든싱어〉에 출연했습니다. 그의 목소리가 결코 따라 하기 쉬운 목소리는 아닌데, 이변이 발생합니다. 2라운드 〈흔들리는 꽃들 속에서 네 샴푸향이 느껴진 거야〉라는 곡에서 꼴찌를 한 거죠. 출연자 모두가 충격을 받았는지 스튜디오 내부가 시끌벅적했어요. 몰래카메라가 아닌가 의심도 하고요. 가수 장범준도 넋을 잃고 터덜터덜 걸어 나옵니다.

그렇다고 해서 장범준의 팬들이 그에게 등을 돌릴까요? 목소리를 잃었다고 욕할까요? 그렇지 않을 겁니다. 시간이 지나면서 변해가는 그의 목소리까지 좋아할 거니까요. 모창 능력자가 우승을 한다고 해서 진짜 장범준이 되는 건 아닙니다. 흔한 듯 흔하지 않고, 억지로 꾸미지 않은 담백한 그의 목소리는 장범준만의 것이고, 천재적인 작곡 실력도 장범준만의 것이니까요.

여러분의 능력을 보잘것없는 것으로 여기지는 않나요? 나만의 것을 소홀히 하거나 하찮게 여기진 않나요? 영화 〈기생충〉으로 할리우드의 높은 벽을 뛰어넘고 오스카상을 손에 거머쥔 봉준호 감독이 시상식 소감에서 한 말을 들려주고 싶네요. 그는 평소 존경하던 마틴 스콜세지 감독의 말을 인용해 이렇게 말했습니다.

When I was young and studying cinema, there was a saying that I carved deep into my heart which is, "The most personal is the most creative." That comes to us from our great Martin Scorsese

(어린 시절 영화를 공부할 때 마음속에 깊이 새긴 말이 있었다. 그건 "가장 개인적인 것이 가장 창의적인 것이다."라는 말이었다. 그 말은 여기 우리의 위대한 마틴 스콜세지 가 한 말이다).

어릴 적 우상 앞에서 오스카 트로피를 받은 봉준호 감독은 얼마나 기뻤을까요? 봉준호 감독의 말을 통해 나만이 갖고 있는 가장 개인적인 것이 무엇인지 한번 생각해 보세요. 그야말로 진정한 내 이야기이고, 내가 가장 잘 아는 나만의 이야기를 말이죠.

우리 뇌 속에 뿌리 깊이 박혀 있는 코카콜라의 맛도, 벚꽃연금이라 불리는 장범준의 노래도 모두 나만의 것을 만들기 위해 피나게 노력한 결과물입니다. 경쟁력을 갖추기 위해서는 나만의 것이 하나쯤은 있어야 해요. 사람들은 경쟁력을 갖추기 위해 자신을 브랜딩합니다.

나를 브랜딩하는 법

브랜드Brand라는 단어는 '불에 달구어 지진다'는 의미였습니다. 노르웨이 고어 'brandr'에서 유래되었지요. 가축이 자신의 소유물

임을 알리기 위해 불에 달군 쇠붙이로 낙인을 찍으며 생긴 단어입니다. 이를 식별하던 일종의 표標가 오늘날 브랜드로 발전한 것입니다. 고대 그리스와 로마 시대에도 지금의 브랜드처럼 쓰인 것이 있었어요. 당시에는 문맹률이 높아 글자를 못 읽으니 이름 대신 상점을 상징하는 그림이나 표시를 걸었습니다. 지금으로 치면 로고입니다. 그러한 브랜드가 현대에 와서는 그 뜻이 광범위해졌습니다. 무엇이든 브랜드가 될 수 있어요. 애플, 삼성만 브랜드가 되는 게 아닙니다. 국가, 도시, 단체, 개인 모두 브랜드가 될 수 있습니다. 혹시 대한민국을 홍보하는 영상을 본 적 있나요? 〈Imagine Your Korea〉 채널에는 손흥민, BTS, 펭수 등이 출연해서 한국의 역동적인 에너지와 아름다움을 홍보합니다. 경주, 부산 등의 주요 도시들을 예술적으로 표현해서 우리도 몰랐던 한국의 매력을 알립니다. 감각적인 아티스트들이 숨어 있는 한국의 미를 발견하여 브랜딩한 것입니다.

손흥민에게 축구공 대신 수학책을 줬다면 월드클래스, 한국의 캡틴은 여기에 없을 것입니다. 유재석에게 마이크 대신 과학책을 줬다면 국민 MC는 다른 이에게 넘어갔을 것이고, 봉준호 감독에게 의대를 가라고 했다면 〈기생충〉으로 오스카를 싹쓸이하지는 못했을 것입니다.

제아무리 개성이 강해도 노력하지 않으면 그대로 썩어 버립니다. 썩기 전에 갈고닦아 빛나게 해 보세요. 여러분 속에 숨어 있는 고유한 개성은 아무도 못 찾습니다. 여러분이 드러내야 합니다.

옛날에는 '겸손은 곧 미덕'이라고 해서 항상 자신을 낮추라고 가르쳤습니다. 자기 자랑을 하면 잘난 체한다고 싫어했지요. 하지만 자신을 브랜딩하는 것은 잘난 체하는 것과는 다릅니다. 없는 사람 앞에서 돈 자랑을 하거나 공부 못하는 친구 앞에서 성적 자랑을 하는 것이 브랜딩은 아닙니다.

브랜딩은 내가 어떤 사람인지 알리는 겁니다. 다른 사람과 차별되는 나의 능력은 무엇이고, 내가 어떤 곳에서 필요한지 보여 주는 거죠. 세상은 넓고 직업은 많습니다. 선택할 수 있는 직업을 의사, 약사, 공무원, 대기업 회사원 등으로 한정하니 하고 싶은 일이 없는 겁니다. 선택한 직업을 평생직장으로 여기면 선택지는 더욱 좁아지고요.

게임 캐릭터의 능력치를 높이듯이 나의 능력치를 올려 보세요. 선택할 수 있는 직업이 많아집니다. 능력치를 올리는 방법은 여러 가지가 있겠지만 그중 하나가 '자기 브랜딩'입니다.

인플루언서, 1인 채널 운영자, 1인 기업인, 베스트셀러 작가, 방송인 등은 의사 못지않은 수입을 올리면서 행복한 직업 생활을 할 수 있습니다. 가끔은 일을 하는 건지 노는 건지도 모를 만큼 자신의 일을 즐깁니다. 그러기 위해서는 자신을 드러내고 자랑하고 알려야 합니다. 블로그, 인스타그램, 브런치 등 SNS도 개설하고 끊임없이 자신의 일상과 자랑거리를 노출합니다. 그래야만 살아남을 수 있지요.

"인플루언서 따위에는 관심 없는데 자기 브랜딩이 필요한가요?"라고 묻는다면, '그렇다'입니다. 인생에서 여러 번 접할 각종 면접에서 자신을 드러내는 것은 필수입니다. 제대로 드러내지 못하면 불합격입니다. 자신의 재능을 널리 알리세요. 나만의 매력을 브랜드로 만드세요. 그것은 여러분의 경험과 생각 속에서 뿜어져 나올 것입니다.

그렇다면, 나를 브랜딩하기 위해서 과연 어떤 노력을 해야 할까요?

첫째, 기록으로 남겨두는 습관을 들입니다. 기록이란 노트에 쓴 글과 SNS에 올린 글, 사진 등이 모두 포함됩니다.

둘째, 기록을 훑어보고 필요한 것만 모아서 분류해 둡니다. 분류하는 과정에서 자신을 발견할 수 있습니다.

셋째, 자신에게 질문합니다.
'왜 이 글을 썼나요?'
'왜 이 책을 좋아하나요?'
'왜 이 사진을 선택했나요?'

넷째, 내가 모은 자료와 주변 인물들의 평가를 통해 나를 표현할 수 있는 키워드를 적습니다. 이미지로 표현해도 됩니다.

블랙핑크, 손흥민만 브랜드인가요? 평범한 개인도 브랜드가 될 수 있습니다. 특별한 자격요건도 없습니다. 나도 브랜드가 되어 나의 가치를 올리겠다는 결심만 필요할 뿐입니다.

꿈을 찾는 10대를 위한 진로 노트

★ 작은 실천을 위한 꿈의 기록

1. 우리 뇌에 박힌 콜라의 맛은 상쾌함, 청량함, 짜릿함 등으로 표현할 수 있어요. 여러분을 표현하는 형용사를 5가지만 적으라고 한다면 어떤 단어가 떠오르나요? 우리말과 영어로 적어보세요.

(우리말) _____, _____, _____, _____, _____
(영 어) _____, _____, _____, _____, _____

2. 나의 관심사가 무엇인지 찾기 위한 아래 질문에 답을 적어 봅시다.

• 돈이 있다면 어떤 분야에 돈을 쓰고 싶나요?

• 시간표에서 마음에 드는 과목은?

- 시키지 않아도 알아서 하는 일은?

- 나도 모르게 다른 사람들에게 말을 많이 하는 분야는?

- 유튜브에서 많이 보는 영상은?

- 도서관에 가서 고르는 책의 분야는?

★ 함께하면 좋은 영상

콜라는 어떻게 대중 음료가 되었나: <EBS 비즈니스 리뷰 플러스> 김신철편
https://www.youtube.com/watch?v=vhXSDsMmQ74

<히든싱어6> 장범준 편
https://www.youtube.com/watch?v=tz_cRuPzKOI

나를 정면으로
응시할 용기

네덜란드 화가 빈센트 반 고흐는 평생을 가난과 싸운 예술가입니다. 화가로서는 좀 늦은 나이인 스물일곱 살부터 본격적으로 그림을 그렸다고 하는데요. 고흐는 자신을 작품의 모델로 삼아 그린 자화상이 유독 많아요.

널리 알려진 것이 '귀에 붕대를 감은 자화상'입니다. 귀에 붕대를 칭칭 감고 정면을 바라보고 있어요. 이는 친구이자 프랑스 후기 인상파 화가인 폴 고갱과의 다툼 뒤에 그린 것입니다. 고흐가 고갱과 심한 갈등을 겪은 후 스스로 귀에 상처를 내고, 이를 치료받은 뒤 자기 모습을 그려 탄생한 작품이지요.

그런데 고흐는 왜 이렇게 많은 자화상을 남겼을까요? 가장 큰 이유는 가난해서 모델료를 지불할 수가 없었대요. 하지만 경제적인 이유만 있었던 것은 아닙니다. 자화상을 그리면서 거울 속에 비친 자신과 많은 이야기를 나누었죠. 경제적, 정신적 고통을 견디기 위해 스스로를 격려하기도 했고요. 그래서인지 고흐의 자화상은 그의 생김새뿐만 아니라 예술가로서 어떻게 발전했는지를 보여 주는 지표가 되기도 한답니다.

　고흐의 자화상 못지않은 걸작품이 우리나라에도 있습니다. 미술, 국어, 역사 시간에 언급이 되었을 수도 있는 꽤 유명한 작품이에요. 국보로 지정된 조선의 선비 화가 윤두서의 자화상입니다.
　윤두서의 자화상을 보면 모자의 윗부분은 잘려나가고, 몸통은 생략되었으며, 귀는 아예 없습니다. 그리다 말았나 싶지만 턱에 있는 긴 수염은 한 올 한 올 살아 있습니다. 심지어 콧수염도 보일 정도예요.
　당쟁이 가장 치열했던 숙종 시대, 집권 세력이 여러 번 바뀌면서 윤두서도 당쟁의 화를 피해 갈 수가 없었어요. 역모 사건에 휘말렸다 풀려나긴 했지만 세상에 환멸을 느끼고 더는 벼슬길에 나가지 않았습니다.
　모자의 윗부분을 과감히 생략한 건 벼슬에 미련을 버렸다는 뜻이고, 두 귀를 그리지 않은 건 세상의 어떤 이야기에도 흔들리지 않겠다는 의미라고 해요. 게다가 정면을 뚫어지게 응시하고 있는 모습은 암울한 현실 속에서도 강한 다짐으로 나를 지켜내겠다는 의지를 보여 줍니다.

고흐와 윤두서 이외에도 많은 예술가가 자화상을 그렸습니다. 왜 사람들은 자화상을 그릴까요? 자화상을 그리다 보면 자신의 새로운 모습을 발견할 수도 있고, 말로는 표현하기 힘든 것을 그림으로 보여줄 수 있기 때문입니다.

세상에서 나를 가장 지지해 주는 단 한 사람

인터넷 커뮤니티에 롱패딩을 입어도 되냐는 질문이 올라왔습니다. 숏패딩이 유행이라 롱패딩을 입으면 주변 친구들이 이상하게 생각할까 봐 물어보는 거래요. 여러분은 어떻게 생각하나요? 여기에 걱정을 해소해 주는 시원한 댓글이 달려 있었습니다.

롱패딩 입는 사람: 정상

롱패딩 안 입는 사람: 정상

롱패딩 입었다고 뭐라 하는 사람: 비정상

롱패딩 안 입었다고 뭐라 하는 사람: 비정상

맞습니다. 내가 추우면 롱패딩을 입는 것이고, 춥더라도 숏패딩으로 멋을 내고 싶으면 그렇게 하면 됩니다. 어차피 다른 사람들은 내가 뭘 입어도 큰 관심이 없습니다. 다른 사람 신경 쓰지 말고 내가 입고 싶은 옷을 입으면 그만이지요.

타인의 시선에 갇히지 말고 자신감을 가지세요. 내가 나를 인정해 주지 않으면 누가 나를 존중해 줄까요?

"SNS에 자랑질하는 친구의 사진을 보니 약이 올라요", "영어 인터뷰 평가에서 실수를 했어요. 괜히 자신감이 없어지고 힘이 안 나요." 그럴 때는 거울을 쳐다보세요.

거울의 효과를 톡톡히 본 운동선수가 있습니다. '투머치토커^{Too} $^{Much\ Talker}$' 박찬호 선수입니다. '말 많은 동네형'의 이미지로 대중에게 다가가 그런 별명이 붙었는데요. 한때는 메이저리그를 호령했던 야구선수였답니다.

'코리안 특급'이라 불리며 메이저리그에 입성했지만, 17일 만에 마이너리그로 강등됩니다. 이를 악물고 버틴 끝에 메이저리그로 복귀했고, 6년간 승승장구했습니다. 이어 6,500만 달러라는 거액을 받고 텍사스 레인저스로 이적했지만 부상 때문에 실력을 발휘하지 못했습니다. 이때부터 언론과 팬들의 공격이 시작됩니다. '먹튀', '박찬호 시대는 갔다'라는 비아냥에 박찬호 선수는 매일 죽고 싶다는 생각만 했다고 나중에 털어놓았습니다. 그때 박찬호의 정신적 지주였던 LA 다저스의 토미 라소다 감독이 한 말이 떠올랐다고 합니다. 토미 라소다 감독은 박찬호가 메이저리그 입성의 꿈을 이룬 첫해, 박찬호의 방을 찾아와 이런 주문을 했다고 합니다.

"매일 아침, 매일 자기 전, 하루 두 번 거울 속 자신에게 약속을 해라.

나는 다저스 경기장에서 공을 던질 것이다.

나는 꼭 나의 꿈을 이뤄 메이저리거가 될 것이다."

박찬호는 거울 앞에서 하염없이 우는 자신의 모습을 보며 마법의 주문을 속삭였습니다. "울지마, 괜찮아, 할 수 있어, 다시 시작하자!" 언론과 팬들이 비수를 꽂고, 가족들까지 안타까운 마음에 은퇴를 권했지만, 단 한 명만 그를 끝까지 응원했다고 하는데요. 그 사람 덕분에 메이저리그 124승이라는 대기록을 세우게 됩니다. 그 한 사람은 바로 '거울 속 박찬호'였습니다.

남들이 뭐라 해도 단 한 명은 우리를 지지해 줍니다. '나'입니다. 항상 함께 다니면서도 우리는 소중함을 모릅니다. 안 보이니까요. 거울을 통해서만 볼 수 있으니까요. 외적인 것에 신경 쓰지 말고 '나 자신'에게 집중해 보세요. 거울을 통해 현재의 모습을 바라보면서 미래의 나에게도 대화를 해 보세요. 중요한 건 '나'입니다.

'나'라는 사람의 재발견

학생들이 가장 힘겨워하는 글쓰기가 무엇일까요? 체험학습 보고서? 삼행시? 흡연 예방 글쓰기? 모두 다 아닙니다. 바로 자기소개서입니다. 우리는 자신에 대해 잘 안다고 생각하지만 실상 그렇지 않습니다. 좋아하는 가수의 스케줄, 성격, 가족관계는 속속들이 알아도 정작 자신에 대해서는 잘 모릅니다.

　직업계 고등학교는 취업 준비 전, 고1부터 자기소개서 준비에 돌입합니다. 해당 직업과 관련한 포트폴리오를 꾸준히 작성하면서 자기소개서의 '자기'를 만들어 갑니다. 일반고의 고1 학생들은 학업 역량을 갖추어 가면서 내신과 수능 공부를 하겠지요. 자기소개서가 나와는 상관없다고 생각할 수 있지만 대학 입시 전형에 따라 면접이 있을 수 있습니다. 면접은 크게 2가지로 나눌 수 있습니다. 서류 기반 면접은 생활기록부의 내용을 바탕으로 지원자의 개인적인 경험을 묻습니다. 생활기록부 활동의 진실 여부, 활동을 통해 배운 점 등을 판단하기 위한 질문을 합니다. 제시문 기반 면접은 말하는 논술입니다. 지문의 내용을 잘 이해했는지, 자신의 의견을 연결지어 논리적으로 답할 수 있는지를 알기 위함입니다. 중학생은 어떨까요? 자기소개를 할 일이 없을까요? 새 학기 첫 수업 시간, 동아리 면접, 수행평가 등에서 자기소개를 합니다.
　자기소개를 하려면 나를 알아야 합니다. 나와 항상 다니지만 아이러니하게도 나를 잘 모릅니다. 다른 사람만 쳐다보기 때문입니다. 거울 속의 나를 한번 보세요. 거울을 향해 나를 소개해 보세요.

★ 작은 실천을 위한 꿈의 기록

1. 윤두서는 자화상에서 이렇게 말하는 듯합니다. "나는 윤두서다. 나를 보는 당신은 누구인가?" 여러분은 어떻게 대답하겠어요? 당당하게 답해 보세요.

　　"나는 _____ 다. 나는 _____ 다."

2. 거울 속 나를 찬찬히 들여다보세요. 한번 말을 걸어 보기도 하면서요. 거울 속 나에게 지금 무슨 말을 해 주고 싶나요?

★ 함께하면 좋은 영상

자화상-나는 누구인가: <역사채널e>
https://www.youtube.com/watch?v=82iL42lhe1o

[엠클래스/미술] 나와 대화하는 시간, 자화상
https://www.youtube.com/watch?v=tDZAZ18_sOA

나의
롤 모델 찾기

게임에서 '사기캐(사기 캐릭터)'란 압도적으로 강한 캐릭터를 말합니다. 드라마에는 유독 '사기캐'가 많이 등장하지요. 작가의 상상력이 더해져 현실에서는 볼 수 없는 뛰어난 능력자를 등장시킵니다. 예를 들어 〈일타 스캔들〉의 최치열, 〈도깨비〉의 김신, 〈빈센조〉의 빈센조, 〈이태원 클라쓰〉의 박새로이 등이 있지요. 그런 능력자들을 보면서 우리는 마냥 부러워합니다. 어차피 비현실적 인물이라는 걸 알기 때문입니다. 하지만 현실에서 내가 닮고 싶고 추앙하고 싶은 능력자가 있다면 어떨까요? 나의 우상, 본보기, 이정표 등으로 칭하며 닮고자 노력할 것입니다. 그런 사람이 바로 롤 모델입니다.

롤 모델은 내가 존경하고 본받고 싶은 사람입니다. 롤 모델이 실패에도 굴하지 않고 도전하는 모습에서 나의 행동세포가 살아 움직여야 합니다. 그래야 진정한 롤 모델을 찾았다고 할 수 있지요.

누군가 "롤 모델이 누구니?"라고 묻는다면 뭐라고 답하나요? 이 질문은 중·고등학교 수행평가 주제로도 한 번쯤 나옵니다. 자주 받는 질문이라 고등학생 정도 되면 롤 모델 몇 명은 바로 튀어나올 것 같지만 이상하게도 매번 "잘 모르겠는데요", "없는데요", "그냥 세종대왕? 이순신 장군?" 이런 류의 반응이 나옵니다.

나에게 감동을 주고, 내가 본받고 싶은 인물이 있다는 것은 결국 내가 더 나은 사람으로 성장하고 싶은 의지가 있다는 걸 말합니다.

내 마음을 움직이는 롤 모델

손흥민은 10대 시절부터 한결같이 롤 모델이 있었는데, 바로 호날두였습니다. 축구의 테크닉과 문전에서 위협하는 플레이가 인상에 남아서 방에 사진을 잔뜩 붙여놓고 미치도록 좋아했다고 합니다. 그랬던 손흥민은 이제 대한민국 청소년들의 롤 모델로 가장 많이 꼽히는 선수가 되었습니다.

어떤 분야를 열성적으로 좋아하여 관련 사진이나 자료를 모으거나 파고드는 일을 일명 '덕질'이라고 부릅니다. 청소년들이 덕질하는 분야는 K-POP, 애니메이션, 연예인 등 다양합니다. 좋아하는 연예인 자료를 찾아보는 것은 전혀 지루하지 않습니다. 그 느낌을 친구들과 공유하기도 하지요. 어른들은 쓸데없이 시간을 허비한다고 우려하기도 하지만 친구들과 관계가 원만해진다는 긍정적 효과도 있습니다. 좋아하는 연예인 사진을 찾다가 틈틈이 롤 모델도 한 번 검색해 보면 어떨까요? 롤 모델을 덕질하면서 장점을 본받고자 노력한다면 내일은 분명 어제보다 나은 내가 되어 있을 겁니다.

어른들의 잔소리 열 마디보다 나를 변화시키는 데 효과가 있는 것이 롤 모델입니다. 고대 그리스 철학자 아리스토텔레스는 플라톤의 제자이자 알렉산드로스 대왕의 스승이었습니다. 인생 고수의 느낌이 폴폴 풍겨오지요. 아리스토텔레스가 말했습니다.

"설득의 3가지 요소는 로고스, 파토스, 에토스이다. 설득을 잘하려면 이 3가지만 기억해라."

아주 쉽게 풀이하면, 로고스Logos는 '논리'입니다. 상대방에게 논리적인 수치, 원인과 결과 등을 제시하면서 설득하는 것입니다. 파토스Pathos는 '감정'입니다. 상대방의 감정을 알아주면 설득력을 높일 수 있습니다. 에토스Ethos는 설득하는 사람의 성품, 매력, 카리스마 등으로 '마음을 움직이는 것'을 말합니다. 이 3가지 중에 가장 효과적인 설득 방법을 아리스토텔레스는 '에토스'라고 보았습니다. 로고스 10%, 파토스 30%, 에토스가 무려 60%의 비중을 차지한다고 합니다. 아무리 논리적이거나 감정적이라도 말하는 사람이 비윤리적이거나 이기적이라면 설득이 되지 않는다는 거죠. 여러분은 보통 어느 부분에서 설득을 당하나요? 이성적인 사람인 만큼 논리가 맞아야 설득당하나요? 논리적이지 않아도 금세 설득당하는 예를 하나 들어볼게요.

나는 아미다.
방탄소년단이 대구로 공연을 하러 온다고 한다.
광고판에서 뷔가 "여러분 우리 빨리 만나요."라고 말하며 웃는다.
나도 모르게 티켓팅을 하고 있다.

방탄소년단 뷔가 호객 행위를 했나요? 콘서트에 오라고 논리적으로 설득을 했나요? 그도 아니면 좀 도와달라고 호소했나요? 그저 뷔가 '빨리 만나자'고 한 그 말 한마디가 알아서 움직이게 한 겁니다.

수학 시험이 끝났다.
정답이 애매한 문제가 나왔다.
친구 둘이서 서로 자기가 정답이라고 싸운다.
연습장에 문제 풀이까지 해 가며 싸운다.
넘사벽 전교 1등이 등장한다. "정답은 3번이야."
둘은 더 이상 말이 없다. 그의 말이 곧 정답이니까.

이것이 에토스입니다. 이렇게 쉽게 설득당합니다. 롤 모델도 마찬가지지요. 나의 로망, 나의 본보기, 내가 존경하는 인물이 나에게 한 마디 하면 금방 마음이 움직입니다. 여러분이 롤 모델에 의해 설득당할 수도 있지만, 반대로 다른 이의 롤 모델이 될 수도 있습니다. 논리 또는 감정이 아니라 그 사람 자체가 가장 설득력이 있다는 걸 명심하세요. 롤 모델을 마음속에 품고 있으면 다음과 같은 효과가 있어요.

첫째, 동기부여가 됩니다. 성공한 사람의 삶을 들여다보면서 나도 해야겠다는 마음이 듭니다. 나도 성공하리라는 기대감이 생깁니다.

둘째, 모방할 수 있습니다. 긍정적인 태도, 가치관, 열정 등을 보면서 영향을 받습니다.

셋째, 시행착오를 줄일 수 있습니다. 롤 모델이 겪었던 삶을 들여다보면서 실패의 원인을 분석하고 다른 방식으로 접근할 수 있습니다.

닮고 싶은 롤 모델 찾는 법 5가지

롤 모델의 중요성과 효과를 알았으니 내가 좋아하고 따를 만한 롤 모델을 찾아볼까요? 내 꿈을 이룰 수 있도록 가슴 뛰게 하고 영감을 주는 사람으로 찾아보세요. 포기하고 싶을 때 용기와 힘을 주고 긍정적인 영향력을 미치는 사람으로요. 롤 모델의 절대적 기준이 있는 건 아니지만 그래도 어느 정도의 자격은 갖추어야 합니다. 롤 모델을 정 찾기 힘들다면 다음을 참고해 주세요.

첫째, 내가 원하는 직업에서 성공한 사람

내가 가야 할 길을 미리 개척했으니, 그의 진로 경로를 모방할 수 있습니다. 롤 모델은 우연한 계기로 발견될 수도 있지만, 적극적으로 본인이 찾는 것이 좋습니다. 세상은 넓고 훌륭한 사람들은 많기 때문에 관심 분야를 정하지 않으면 범위가 너무 넓어져 롤 모델을 찾기가 힘듭니다. 정답지가 많으면 오히려 선택하기가 더 힘들잖아요. 김성주 아나운서의 롤 모델은 김동건 아나운서, 유재석의 롤 모델은 개그맨 최양락이라고 하더군요. 이처럼 자신이 관심 있는 분야에서 롤 모델을 찾아보세요. 관심 분야가 마땅히 생각나지도 않고, 생각하기도 싫은 학생이 있을 수 있습니다. 심지어 "잘 모르겠는데요."라며 롤 모델도 선생님에게 정해 달라고 떼를 쓰는 학생도 있어요. 관심 분야가 금방 떠오르지 않는다면 아래의 사이트에서 찾아보세요. 교육부에서 제공하는 진로정보망 커리어넷(www. career.go.kr)이에요.

커리어넷 > 직업정보 > 직업백과

커리어넷 > 학과정보 > 학과정보

둘째, 분야별로 나누어 '나'와 연결해 보기

롤 모델을 찾기 힘들어하는 학생이 있는가 하면, 너무 많아서 고르기 어렵다는 학생도 있어요. 롤 모델로 삼을 사람이 여러 명이라면 관심 분야가 많다는 거겠죠. 다양한 사람들의 장점을 정리해 보며 이유를 찾아보는 것도 좋은 방법입니다. '나'를 중심에 두고 분야별로 롤 모델의 장점을 뽑아 나와 연결시켜 봅니다.

분야		롤 모델과 이유
공부	롤 모델	우리 반 1등 마동석
	이유	공부하면서 특별히 스트레스를 받지 않고, 친구들과도 잘 어울린다.
의사 소통	롤 모델	작가 김영하
	이유	말을 재치있게 하고, 남들이 못 보는 웃음 포인트를 잘 잡아낸다.

셋째, 주변에 있어서 쉽게 조언을 구할 수 있는 사람

롤 모델은 자연스럽게 내 마음을 흔드는 사람이어야 하는데 대개는 쉽게 찾기 힘듭니다. 역사적 위인부터 TV에 자주 등장하는 유명인도 많지만, 그들은 나와 직접적인 연결 고리가 없습니다. 그럴 때는 주변을 둘러보고 관심을 가지는 것도 하나의 방법입니다. 관심 있는 분야의 전문가는 아닐지라도 선생님, 부모님, 친구에게서 배우고 싶은 지점을 발견할 수 있습니다. 직접 만날 수 있으니 조언을 구할 수도 있습니다. 나와 가까운 사람이 롤 모델이라면 멘토 역할도 해줄 수 있으니까요. 유명하지 않더라도 영상이나 글로만 접할 수 있는 인물보다 강력하게 작용할 수 있습니다. 내 꿈이 가상현실이 아니기에 가능하다는 자신감을 심어 줍니다.

넷째, 영화나 책 속의 캐릭터에서 찾아보기

영화나 책을 보면 폼나는 인물을 만납니다. 작가가 상상력을 동원해 창조해 낸 인물도 괜찮습니다. 좋아하는 캐릭터가 있다는 건 행복한 일이에요. 그를 통해 꿈을 키워 나가 보세요.

다섯째, 캐릭터를 직접 만들어 보기

자신이 닮고 싶은 여러 장점을 모아 캐릭터를 만들어 보세요. 동물, 반인반수, 우주인 등 인간의 범위를 벗어난 캐릭터도 괜찮습니다. 상상력에 한계를 두지 마세요. 여러분 마음대로 만들고 이름도 짓고, 성격도 창조하는 겁니다.

꿈을 찾는 10대를 위한 진로 노트

★ 작은 실천을 위한 꿈의 기록

1. 나의 관심 분야와 탐색하고 싶은 인물을 적어 보세요.

· 관심 분야:

· 탐색하고 싶은 인물:

· 이유:

2. 롤 모델을 정했다면 다음 질문에 답해 보세요.

· 어떤 성취를 이루었나요?

· 어떤 기여를 하고 얼마나 영향을 끼쳤나요?

- 꿈을 갖게 된 계기는 무엇인가요?

- 꿈을 이루기 위해 어떤 노력을 했나요?

- 어떤 고난과 역경이 있었나요?

- 고난과 역경을 어떤 식으로 극복했나요?

- 닮고 싶은 점은 무엇인가요?

3. 내가 닮고 싶은 롤 모델과 나와의 공통점이 있나요? 차이점은 무엇인가 요?

• 나와 롤 모델의 공통점:

• 나와 롤 모델의 차이점:

★ 함께하면 좋은 영상

손흥민 "롤 모델은 호날두, 축구 잘하는 건 메시": YTN
https://www.youtube.com/watch?v=8kafVPIbpLU

나를 객관화할수록
알게 되는 것들

우연히 가수 나훈아의 〈테스형〉이라는 노래를 들었어요. 소크라테스에게 삶의 의미를 묻는다는 가사 내용에 절로 웃음이 나오네요.

아! 테스형 세상이 왜 이래, 왜 이렇게 힘들어
아! 테스형 소크라테스형 사랑은 또 왜 이래
너 자신을 알라며 툭 내뱉고 간 말을
내가 어찌 알겠소, 모르겠소 테스형

'너 자신을 알라Know yourself'라는 소크라테스의 이 말을 누구나 한 번쯤 들어봤을 텐데요. 너무 자주 인용되어 이제 그 의미가 퇴색

된 것 같아요. 자기 자신에 대해 정확히 아는 것은 누구에게나 어려운 일입니다. 그러니 '너 자신을 알라'라는 단순한 명제가 오랫동안 사람들의 입에 오르내리겠지요. 이 말은 소크라테스의 것으로 알려졌지만, 사실은 델포이의 아폴론 신전 기둥에 새겨져 있는 문구랍니다. 당시 아테네인이라면 누구나 알만큼 유명한 말이었대요.

소크라테스의 '너 자신을 알라'는 '너 자신의 무지함을 깨달아라'라는 말로 이해하면 될 것 같아요. 소크라테스가 현명한 사람인 이유는 역설적으로 자신이 현명하지 않다는 걸 알고 있었기 때문이죠.

시험을 앞두고 자습 시간, 전교 1등인 학생은 엉덩이에 땀이 나도록 공부합니다. 그런데도 공부할 시간이 부족하다고 걱정합니다. 옆에 앉은 친구는 계속 놀아요. 시험 공부를 했냐고 물어보면 걱정하지 말라고 합니다. 완벽하다네요. 더 이상 공부할 게 없대요. 시험 결과는 어떻게 나올까요? 말하지 않아도 다들 짐작하겠죠.

다 안다고 생각하는 사람은 공부할 필요를 느끼지 못합니다. 공부란 아직 스스로 부족하다고 생각하는 사람이 하는 것이죠. 지혜란 늘 자신의 부족함을 아는 사람이 추구하는 것입니다. 스스로의 무지를 자각하는 것, 그것이야말로 지혜를 얻기 위한 첫걸음인 셈이죠. 소크라테스가 철학의 아버지가 될 수 있었던 것도 자신의 무지함을 깨닫고 끊임없이 지혜를 얻으려 노력했기 때문입니다.

배우 윤여정은 영화 〈미나리〉로 아카데미 시상식에서 여우조연상을 수상했습니다. 한국 배우로는 첫 아카데미 연기상 수상이자, 아시아 여성 배우로는 두 번째이자 64년 만의 수상이라고 합니다. 기자와의 인터뷰에서 그녀의 시원시원한 답변이 인상적이었어요.

"내 연기 철학은 열등의식에서 시작됐을 것이다. 연극영화과 출신도 아니고 아르바이트하다가 연기를 하게 됐다. 내 약점을 아니까 열심히 대사를 외워서 남에게 피해를 주지 말자는 게 내 철학이었다. 많이 노력했고, 많이 노력하고 있다. 연습을 무시할 수 없다. 감사하게도 나는 나를 객관적으로 봤다. 그러니 노력했지. 나를 칭찬하거나 예쁘다고 해도 믿질 않았다. 알고 보면 사람들도 내가 안 예쁘니까 멋지다고 하는 거잖아."

"감사하게도 나는 나를 객관적으로 봤다."라는 말이 소크라테스의 말과 일맥상통하는 것 같네요. 우리는 자신에 대해서 100% 알고 있다고 생각하고 행동합니다. 그러나 우리의 뇌는 객관적이질 못해요. 본인 위주로 생각하기 쉽습니다. 마음이 불편하거나 문제의 실마리가 풀리지 않을 때는 한 발짝 뒤에서 바라보는 것이 좋습니다. 마치 타인의 시선으로 자신을 관찰하듯이 말입니다. 자신의 모습을 객관적으로 인정하고 연습으로 극복한 윤여정처럼 우리도 쿨하게 인정할 건 인정하고 노력하면 어떨까요?

자아정체감이란 '나는 누구인가?'에 대한 스스로의 대답이며 느낌입니다. 진로 찾기는 자신을 이해하는 데서 출발합니다. 특히 청소년기에는 자신의 가치관이나 진로를 고민하며 방황하고 탐색하는 시간을 거칩니다. 다양한 갈등과 문제들을 겪기도 하지만 자아정체감을 형성하는 데 필요한 과정이라고 볼 수 있습니다. 자아정체감이 형성되었다는 것은 전공이나 직업 등 인생의 중요한 결정을 하고 스스로 책임지는 것입니다. 대학 진학 등 진로에 대해 선택과 결정을 내려야 하는데, 자신에 대해 잘 아는 것이 중요합니다.

나에게 맞는 일을 찾기란 쉽지 않습니다. 다들 이번 생은 처음이라 방황할 수밖에 없습니다. 하늘이 점지해 주는 것도 아니고, 진로심리 검사 한 번으로 끝날 일이 아닙니다. 자신에 대해 잘 알려면 준비 기간이 필요해요. 자신을 관심 있게 들여다보고 깊이 생각하는 시간을 가져야 해요. 어울리는 일을 찾고, 행복한 삶을 살기 위해서는 자신을 객관적으로 바라보며 자신의 능력이나 특성, 강점 등을 잘 파악해야 합니다.

꿈을 찾는 10대를 위한 진로 노트

★ 작은 실천을 위한 꿈의 기록

나를 인터뷰하듯이 다음과 같은 질문을 던져 보세요.

• 좋아하는 책이나 영화는 무엇인가요?

• 좋아하는 좌우명이나 명언은 무엇인가요?

• 좋아하는 과목은 무엇인가요?

• 공부하다 틈이 나면 어떤 활동을 즐기나요?

• 자신을 수식할 수 있는 단어들을 나열해 보세요. (수줍은, 씩씩한, 게으른….)

• 나를 행복하게 하는 것은 무엇인가요?

• 주변에 행복해 보이는 사람이 있나요? 그렇다면 그 이유는 무엇인가요?

• 어떤 활동을 할 때 재미를 느끼나요?

★ 함께하면 좋은 영상

윤여정 아카데미 여우조연상 수상소감
https://www.youtube.com/watch?v=ZbfMbDeiSC8

낮은 자존감을 끌어 올리는
4가지 비결

드라마 〈이태원 클라쓰〉는 이태원을 배경으로 젊은이들이 고집과 객기로 창업 신화를 써 내려가는 내용이에요. 주인공 박새로이는 퇴학을 당하더라도, 감옥 수감자들에게 짓밟히더라도 절대로 무릎은 꿇지 않습니다. 소신을 지키는 것이 자존감을 지키는 것이니까요. 장대희 회장은 이상하게도 박새로이의 무릎에 집착합니다. 박새로이의 자존감을 꺾고 싶은데 뜻대로 안 되지요. 세상이 두 쪽 나도 불가능해 보이던 박새로이의 무릎이 드디어 꿇리는 일이 일어납니다. 사랑하는 여자가 납치되자 천 번이고, 만 번이고 할 수 있다며 장대희 앞에 무릎을 꿇은 것이죠.

장대희 회장은 만족한 듯 사악한 미소를 드러내지만 시청자들은 알 수 있습니다. 자존감이 바닥을 친 건 무릎 꿇은 박새로이가 아니라 독기의 자존심만 남은 장대희 회장이라는 것을요.

자존감에도 노벨상이 있다면 박새로이는 노벨상(자존감 부문)을 받았을 거예요. 자존감과 비슷한 말 중에는 자존심이 있습니다. 자존감은 자신을 사랑하는 마음입니다. 자존감이 높다면 스스로 가치 있는 존재임을 알고 역경에 맞설 수 있습니다. 반면에 자존심은 다른 사람과 경쟁하거나 비교하며 자신의 품위를 지키고 높이려는 마음이지요. 자존심의 핵심은 '타인과의 비교'예요. 〈이태원 클라쓰〉에서 장대희 회장이 박새로이의 무릎에 집착한 것도 자존심이 상해서랍니다. 좀 더 자신을 돌아봤더라면 기껏 고등학생이었던 박새로이와 경쟁하려 하지는 않았겠지요.

자존감이 강한 사람의 특징

- 자신의 능력을 믿습니다.

- 스스로 목표를 세우고 꿈을 향해 달려갑니다.

- 나를 변화시키는 다른 사람의 충고에 귀를 기울입니다.

- 타인의 비난이나 작은 실수에 자책하지 않습니다.

- 실패에 대한 두려움이 적고, 도전정신이 강합니다.

자존감이 낮은 사람의 특징

- 부정적인 생각을 많이 합니다.

- 어려운 일에 부딪히면 쉽게 좌절하고 피합니다.

- 실패하면 '역시 난 안 돼.'라며 포기합니다.

- 걱정과 두려움 때문에 새로운 것에 도전하지 않습니다.

- 부족한 결과를 남 탓으로 돌립니다.

자존감은 저절로 생기지 않는다

대체로 결과가 좋지 않은 성적표를 받으면 자존감이 낮아질 수밖에 없습니다. 성적표는 내가 얼마나 열심히 공부했는가를 보여주는 증표이니 무시할 수도 없고 참 난감하지요. 누군가는 1등을 하고, 누군가는 꼴찌를 하는 시스템인데 숫자에만 집착하면 자존감은 절로 낮아집니다. 자존감이 떨어져서 걱정이 된다면 성적표의 숫자보다 내가 얼마만큼 노력했는지 측정해 보세요. 만족할 만큼 열심히 공부했는데도 성적이 확 오르지 않으면 다음을 도모하면 됩니다. 원하는 성적에 도달하기 위해 얼마나 열심히 했는지는 본인이 가장 잘 압니다.

자존감은 누가 대신 만들어 줄 수 있는 게 아닙니다. 저절로 생기는 것도 아니에요. 자존감을 높이려는 노력이 필요합니다. 낮아진 자존감을 되살리려면 어떻게 해야 할까요?

첫째, 과거에 얽매이지 말아요

살아온 날이 짧은 10대에게 과거라고 말하니 어색하긴 하네요.

어쨌든 지나간 일에 매여 있다면 앞으로 나아가지 못합니다. 후회가 되거나 죄책감을 느끼는 일이 있다면 반성하고 다시 똑같은 일을 반복하지 않으면 됩니다. 박새로이는 감옥에서도 책을 읽고 운동을 하며 미래를 준비했습니다. 주변에서 '인생 좋난 전과자'라고 비아냥거려도 개의치 않았습니다. 영화 〈쿵푸팬더〉에서 사부 우그웨이가 포에게 하는 조언 중 명대사가 나오는데요. 한번 볼까요.

Yesterday is a history, 어제는 지나간 역사이고,

Tomorrow is a mystery, 내일은 알 수 없지만,

Today is a gift. 오늘은 선물이야.

That is why it is called the present. 그래서 오늘을 'present'라 부르지.

우리는 '오늘'이라는 선물을 받았습니다. 과거만 생각하다 시간을 허비하면 안 되겠지요?

둘째, 남과 비교하지 말아요

다른 사람의 브이로그나 SNS를 구경하는 데 시간을 허비하는 사람들이 많습니다. 잘 꾸미고 포장해서 올린 사진이라는 걸 알면서도 어느 순간 부러운 마음이 생기고 자기 자신이 몹시 초라하게 느껴집니다. 애써 차단하지 않으면 남들의 일상을 끊임없이 보게 됩니다. 남과 나를 비교하다 보면 외모, 능력, 성격 등 뭐 하나 잘하는

게 없는 듯한 자신에게 실망하고 불행해집니다. 자존감은커녕 열등감만 생깁니다. 누군가와 계속 비교를 하다 보면 타인의 행복을 축복해 주는 것이 아니라 깎아내리게 됩니다.

열등감이 지나친 사람을 보며 '살리에리 증후군'이라고 하는데요. 살리에리 증후군은 뛰어난 1인자를 지켜보며 2인자가 갖는 열등감과 무력감을 의미합니다. 세상 부러울 것 없는 성공한 궁정음악가 살리에리는 천재 작곡가 모차르트를 보며 극단적인 열등감을 느낍니다. 자신에게 그런 재능을 주지 않은 신에게 분노하며 모차르트를 파멸시키고 자신도 평생 죄책감에 갇혀 불행한 삶을 살아갑니다.

드라마 〈이태원 클라쓰〉에서 전과자가 책 읽는 게 무슨 소용이냐며 비아냥거리는 최승권에게 박새로이는 "자기 값어치를 헐값에 매기는 호구새끼."라고 말합니다. 살리에리에게도 똑같이 말하지 않았을까요?

셋째, 티끌 같은 작은 성취로 태산 같은 자존감을 만들어 보세요

학교에서 요리 실습을 해본 적 다들 있을 겁니다. 미흡한 재료에 김밥 옆구리는 다 디져 있어도 먹어 보면 꿀맛입니다. 유명 셰프 고든 램지가 먹었다면 독설을 날릴지도 모르지만 나에게는 맛만 좋습니다. 최고의 김밥을 만들기 위해 조원들과 재료를 정하고, 업무를 분담하고, 정리하는 과정에서 나는 주방을 지휘하는 셰프가 된 것 같습니다. 이런 조그마한 경험과 성취가 모여 자존감을 키웁니다. 자존감은 옥수수에 열을 가해 팝콘이 터지듯이 단숨에 이루어지는 것이 아니라 작은 성취가 모여 계단식으로 올라갑니다. 예를 들어 5분 일찍 일어나기, 하루 독서 10분 하기, 친구에게 먼저 인사하기, 주말에 설거지로 엄마 도와드리기 등 일상에서 쉽게 할 수 있는 것들을 하나 정해 실천해 가다 보면 어느 순간 자존감은 높아져 있을 겁니다. 좀 더 욕심을 내면 조그마한 성취들을 메모해 두고 들춰 보기만 해도 큰 도움이 됩니다. 가방 속에 자그마한 수첩이나 연습장을 하나 가지고 다녀 보세요. 스마트폰 메모앱도 괜찮습니다. 칭찬받았거나 스스로 뿌듯했던 경험을 적어 두는 것이 자존감을 저축하는 하나의 방법입니다.

넷째, 음악으로 자존감을 찾아보아요

낮은 자존감으로 힘들 때 음악을 들으며 힘을 얻을 수도 있어요. 영화, 드라마에서 주인공이 난관을 극복하기 시작할 때 함께 울려 퍼지는 노래가 있습니다. 2019년 개봉한 영화 〈알라딘〉은 뮤지컬 영화예요. 애니메이션이 아니라 실사영화로, 국내에서 관객 수가 천만 명을 돌파한 대흥행을 이룬 작품입니다. 뮤지컬 영화인 만큼 우리의 눈과 귀를 호강시킵니다. 지니의 〈Friend Like Me〉는 어깨를 들썩이게 하고, 알라딘과 자스민 공주의 〈A Whole New World〉는 우리를 동심으로 돌아가게 하지요. 특히 자스민 공주가 부르는 〈Speechless〉를 듣고 있으면 영화 제목이 〈알라딘〉이 아니라 〈자스민〉인가 의문이 들 정도입니다. 그만큼 강렬한 노래입니다. 악당 자파의 야욕을 더 이상 좌시하지 않겠다는 의지가 드러나는 곡으로 자스민의 생각을 격정적으로 드러냅니다.

I won't be silenced 나는 침묵하지 않을 거야

You can't keep me quiet 당신은 나의 입을 막을 수 없어

Won't tremble when you try it 그렇다 해도 난 떨지 않을 거야

All I know is I won't go speechless 난 침묵하지 않을 거라 확신해

박새로이의 사이다 같은 속 시원한 복수 드라마 〈이태원 클라쓰〉도 OST 맛집입니다. 하나도 버릴 게 없습니다. 멘탈을 강하게 만들어 주는 하현우의 〈돌덩이〉, 특이한 음색으로 듣는 이의 공감 능력을 높여줄 것 같은 김필의 〈그때 그 아인〉 등등. 그중에서 새해가 시작되었을 때, 목표가 생겼을 때 나의 의지를 최대치로 끌어 주는 노래가 있습니다. 가호의 〈시작〉입니다.

I can fly the sky

Never gonna stay

내가 지쳐 쓰러질 때까진

어떤 이유도

어떤 변명도

지금 내겐 용기가 필요해

　이 노래를 들으며 상처받은 일이 있다면 훌훌 털고 새로운 시작을 준비해 보세요. 설렘 반 걱정 반으로 시작하는 일이 있다면 이 노래가 딱입니다. 박새로이라는 가상의 인물에 나를 투영시키고 힘내기 바랍니다. 몇 번 듣고 나면 무언가 하고 싶다는 의지가 솟아오를 거예요.

　친구의 위로, 부모님의 보살핌, 선생님의 조언보다 노래 한 곡이 더 힘을 줄 때가 있어요. 덤으로 이런 노래도 추천합니다.

〈This Is Me〉　영화 〈위대한 쇼맨〉 OST

〈Let It Go〉　영화 〈겨울왕국〉 OST

〈Into the Unknown〉　영화 〈겨울왕국 2〉 OST

〈Prince Ali〉　영화 〈알라딘〉 OST

〈We Are the Champions〉　퀸

〈Try Everything〉　영화 〈주토피아〉 OST

〈Butterfly〉　영화 〈국가대표〉 OST

〈Happy Song〉　드라마 〈우리들의 블루스〉 OST

〈Starlight〉　드라마 〈스물하나 스물다섯〉 OST

★작은 실천을 위한 꿈의 기록

1. 친한 친구가 힘들어할 때 추천해 주고 싶은 노래를 적어 보세요.

노래 추천 챌린지 1. ....

노래 추천 챌린지 2. ....

2. 자존감이 낮다고 생각한다면 그렇게 생각하는 이유를 한번 적어 보세요.

----

3. 낮은 자존감을 끌어 올리기 위해 자신이 도전할 수 있는 작은 실천에는 무엇이 있을까요?

★ 함께하면 좋은 영상

Naomi Scott - <Speechless>(<알라딘> OST)
https://www.youtube.com/watch?v=tfJntocV3HE

가호 - <시작>(<이태원 클라쓰> OST)
https://www.youtube.com/watch?v=6LDg0YGYVw4

학교에서 시작되는
관계 맺기 능력

새로운 학년이 시작되기 전 모든 학교에서 반 편성을 합니다. 원하는 친구와 같은 반이기를 두 손 모아 기도하지만 어긋날 때가 많지요. 직장에서도 마찬가지입니다. 내가 원하든 아니든 회사에서 정해 준 사람들과 함께 일해야 합니다. 싫은 사람이 있어도 어쩔 수 없지요. 이래서 일보다 사람이 싫어 직장을 떠난다는 말이 있습니다. 학교에서든 사회에서든 대인관계 능력은 중요합니다. 다른 사람과 잘 어울리며 관계를 지속해 나가는 능력이 있으면 살아가는데 스트레스가 훨씬 덜할 거예요.

그런데 드라마 〈이상한 변호사 우영우〉에서 대인관계 능력은 떨어지지만 대인관계가 좋은 주인공을 보았습니다. 자폐스펙트럼 장애를 가진 변호사 우영우입니다. 사회성과 공감 능력이 떨어져 비

장애인들과 대인관계가 쉽지 않을 것 같은데 우영우는 근사하게 해냅니다. 공감 능력과 유머도 학습으로 배우는 것 같아요. 드라마 속 로펌회사 한바다에는 우영우에게 사사건건 시비를 거는 권민우 변호사가 있습니다. 우영우의 친구인 최수연 변호사는 권민우에게 '권모술수'라는 별명을 지어 주며 자신도 별명이 있으면 좋겠다고 우영우에게 말합니다. '최강동안, 최고미녀' 등 외모 관련 별명을 잔뜩 기대하면서요. 그런 최수연에게 우영우는 '봄날의 햇살'이라는 뜻밖의 별명을 지어주며 시청자들을 울립니다. 로스쿨을 함께 다닐 때 강의실 위치, 휴강 정보, 시험 범위를 알려주고, 동기들의 따돌림도 막아 줬다면서요. 우영우는 이미 최수연의 따뜻한 마음씨를 알고 있었습니다. 그걸 잊지 않고 별명으로 표현한 것이지요. 최수연의 눈시울이 붉어집니다. 우영우는 사회적 상호작용으로 어려움을 겪고 있음에도 친구의 배려를 잊지 않고 예쁜 단어로 묘사해 주었으니까요.

최수연은 드라마 전체에 걸쳐 우영우를 찐친구처럼 대합니다. 일방적으로 보살펴야 하는 존재가 아니라 현실 친구로 말이지요. 퉁명스럽게 말하다가도 세심하게 배려해 주고, 솔직하게 할 말은 다 하는 그런 친구로서 말입니다. 우영우를 보면서 저도 누군가에게 봄날의 햇살 같은 때가 있었나 반성해 보았습니다.

내가 원하는 인간관계를 위한 작은 노력

대인관계 능력은 직업에 따라 절대적으로 필요한 분야가 있고, 덜 필요한 분야도 있습니다. 절대적으로 필요한 분야는 사람을 상대해야 하는 일입니다. 정치인, 연예인뿐만 아니라 각종 교육, 병원, 호텔 관련 서비스 직종이라면 필수지요.

정치인이 되려면 선거에서 상대 후보를 이기기 위해 선거운동을 해야 합니다. 선거운동 기간이 되면 정치인들은 표심을 얻기 위해 너도나도 재래시장을 방문하고 사람들과 악수를 합니다. 환하게 웃어 주고, 불편한 점이 없는지 꼼꼼하게 체크합니다. 국정에 반영하겠다고 약속도 하고 온화한 미소로 사람들을 안심시킵니다. 자신이 원하는 걸 얻기 위해서는 자신의 감정보다는 상대방이 원하는 바를 정확하게 파악하고 거기에 초점을 맞춰야만 하는데요. 이처럼 대인관계 능력은 기본적으로 상대방에게 초점이 맞춰져 있습니다.

일보다 사람이 싫어 회사를 떠나기도 합니다. 공부보다 친구와의 갈등 때문에 학교생활이 힘든 경우도 있습니다. 일이 힘들어 스트레스를 받아도 주변에 내 등을 토닥토닥 두드려 주는 사람이 있으면 견딜 수 있습니다. 공부가 힘들어도 친구와 함께하는 간식 타임이 나를 충전시켜 주기도 하고요. 이처럼 원만한 대인관계는 봄날의 햇살처럼 우리를 따스하게 만들어 줍니다.

담임으로서 학생들을 지켜보면 공부 못하는 아이보다는 친구 관계로 힘들어하는 아이가 늘 걱정입니다. 시도 때도 없이 떠드는 아이보다 축 처져 말 한마디 안 하는 아이가 더 걱정이지요. 선생님이 도와주고 싶지만 친구 관계를 자석처럼 붙일 수 있는 게 아니어서 안타까워요. 인간관계가 내 뜻대로 안 된다고 손 놓고 있을 수만은 없습니다. 아무것도 하지 않으면 아무 일도 일어나지 않아요. 약간의 용기가 필요해요. 조금만 노력해 봐요. 내가 원하는 인간관계를 만들기 위해 어떤 노력이 필요할까요?

첫째, 인사 잘하기

먼저 다가가 웃는 얼굴로 '안녕', '안녕하세요' 한마디만 하면 됩니다. 상대방의 기분이 어떨까요? 나에게 인사한다고 기분 나빠할 사람은 단 한 명도 없습니다. 나를 좋아하고, 신경 써준다는 느낌이 들 것입니다.

둘째, 관심 갖기

사소한 것부터 관심을 가져 보세요. 상대방이 왜 나에게 관심이 없는지 서운해하기 전에 내가 먼저 관심을 갖고 다가가 보세요. 모든 오해는 사소한 데서 출발합니다. 뇌의 필터를 거치지 않고 훅 던진 말이 친구에게는 폭탄이 되어 터지기도 합니다. 아무리 시원시원한 성격의 친구라도 상처받을 수 있습니다. 반대로 나의 작은 호의가 친구에게는 잊지 못할 고마움이 되기도 합니다. 봄날의 햇살 최수연이 김밥을 좋아하는 우영우를 위해 구내식당 메뉴를 미리 알려 주겠다고 하는 것처럼 기말고사 시험 범위를 정리해서 먼저 보여 준다거나, 친구가 컴싸를 깜빡했을 때 여분의 펜을 빌려줘 보세요. 햇살 같은 여러분의 마음을 친구는 금방 눈치챌 것입니다.

셋째, 칭찬하기

칭찬은 어른들만 하는 것이 아닙니다. 친구에게, 선생님에게, 부모님에게 칭찬을 해 보세요. 인간은 누구나 칭찬받기를 원합니다. 다른 사람에게 인정받고 중요한 사람이 되려는 욕망을 가지고 태어나니까요. 칭찬은커녕 상대방의 약점만 파고드는 학생들이 있습니다. 본인들에게 피해를 준 것도 아닌데 말이죠. 말투가 마음에 들지 않는다고, 심지어 뚱뚱하거나 말랐다고 핀잔을 주기도 합니다. 험담이 친구에게 모욕감을 느끼게 하고, 학교생활에 영향을 줄 정도로 피해를 입혔다면 상황에 따라서는 학교폭력에 해당합니다. 친구의 약점 말고 장점을 찾는 훈련을 해 보세요.

"영지야, 헤어스타일 멋진데."

"선생님, 오늘 수업 재미있었어요."

"엄마가 끓인 김치찌개는 팔아도 되겠어요."

상대방은 그 칭찬을 오랫동안 잊지 못할 것입니다.

넷째, 경청하기

경청은 남의 말을 관심 있게 들어주는 것입니다. 휴대폰을 보면서 '듣고 있다'는 식으로 고개만 끄덕이는 것은 경청이 아닙니다. 경청의 반대말인 '딴청'이죠. 조별 활동을 하면 자기 주장만 옳고 다른 아이들의 의견은 묵살하는 친구들이 있습니다. 자신의 주장을 관철시키려면 상대방의 의견도 잘 들어주어야 합니다.

또한 상대방이 말하는 동안 그의 말을 가로채는 사람이 있습니다. 처음부터 끝까지 본인만 이야기하고 친구의 말에는 관심이 없는 학생도 있고요. 그런 친구와 나누는 대화는 즐겁지가 않습니다. 당연히 소중한 시간을 함께 보내고 싶지도 않겠지요.

꿈을 찾는 10대를 위한 진로 노트

★ 작은 실천을 위한 꿈의 기록

1. 친구의 배려를 감사하게 느꼈던 경험과, 친구를 배려한 경험이 있다면 적어 보세요.

• 내가 친구에게 한 배려:

• 친구가 나에게 한 배려:

----

2. 학교생활을 하다 보면 친구들과 크고 작은 갈등 상황이 생깁니다. 사소한 다툼에서부터 크게 관계가 틀어지는 일까지 굉장히 다양한데요. 여러분이 겪었거나 관찰한 갈등 상황과 그 해결 과정을 적어 보세요. (단, 학교폭력과 같이 학교의 개입으로 해결한 것 제외)

----

3. 어떤 친구가 좋은 친구일까요? 여러분이 생각하는 좋은 친구의 기준은 무엇인가요?

★ 함께하면 좋은 영상

'봄날의 햇살 최수연, 우영우 진심에 울컥': <이상한 변호사 우영우> EP05
https://www.youtube.com/watch?v=JnY8QQfve3o

나를 바꾸는
긍정의 힘

공상과학, 우주 영화는 '노잼'이라고요? 우주 영화에 대한 이런 고정관념을 깨부수는 영화 〈마션〉은 상영시간 2시간 30분이 절대 지루하지 않아요. 화성에서 감자를 키우는 주인공에게 푹 빠질 겁니다. 주인공 마크 와트니 역을 맡은 맷 데이먼의 원맨쇼라고 불러도 될 만큼 그는 이 영화에서 대체 불가의 매력을 보여 줍니다. 화성에 홀로 남겨진 마크는 절망적인 상황에서도 절대 자신만 남겨둔 동료들을 탓하거나 우울해하지 않습니다.

"저는 여기서 3년 치 식량을 재배할 방법을 찾아야 해요. 아무것도 자라지 않는 행성에서."

이 뒤에 이어지는 말은 무엇이었을까요?

"다행히도, (씩 웃으면서) 제가 식물학자라는 겁니다. 화성은 내 식물학적 능력을 두려워하게 될 거예요."

저 상황에서 웃을 수 있다는 것, 정말 우주최강 멘탈 갑입니다. 그의 멘탈을 단단하게 해준 건 바로 특유의 유머와 긍정적인 마인 드였습니다. 화성에서도 버틸 수 있었던 힘이 긍정의 마인드였다 면, 당연히 지구에서도 유용하게 쓰이겠지요.

결국 생존의 요건은 '과학적 지식'이기 이전에 긍정과 유머였다 는 걸 이 영화는 말해 줍니다. 절망적인 상황에서 "다행히도"라고 말하는 마크에게서 긍정 마인드를 배워보면 어떨까요?

"된다 된다 나는 된다" 자기 긍정의 힘

'노세보 효과Nocebo effect'란 부정적인 암시가 부정적인 결과를 초 래하는 것을 말합니다. 의사가 암환자들에게 "이 신약은 항암 효과 가 탁월한 대신 부작용으로 탈모 증상이 나타날 수 있습니다."라고 말했더니 투약한 암환자 중 30%에게서 실제 탈모 증상이 나타났 습니다. 그 약의 성분은 그냥 소금물이었는데 말이죠.

노세보 효과의 반대 개념이 '플라세보 효과Placebo effect'입니다. 긍 정적인 기대를 하면 긍정적인 효과를 볼 수 있다는 거예요. 가짜 약 을 주면서 "이 약을 먹으면 두통과 우울증이 사라집니다."라고 했 더니 정말로 많은 환자들의 증상이 호전된 거죠. 따라서 특정 정보 를 믿으면 그에 따라 몸도 반응을 합니다.

언어의 힘은 강력합니다. 우리의 기분에 즉각적인 변화를 주고, 심지어 영원히 마음속에서 지워지지 않는 경우도 있습니다. 누군가로부터 말로 상처를 받았던 순간의 슬픔과 분노는 마음속에 계속 남아 있잖아요. 평소 내가 사용하는 말은 나의 태도에 영향을 줍니다.

"어차피 성적도 안 오르는데 해서 뭐해."

"내가 그만한 돈을 버는 건 불가능해."

"난 이래서 안 돼."

이런 말을 자주 반복하면 뇌에 프로그래밍되고, 자신이 한 말처럼 실망스러운 결과를 얻을 수밖에 없습니다. 과학자들은 긍정의 언어가 우리 뇌를 활성화한다고 말합니다. 부정적인 감정이 늘면 주의를 조절하고 계획하고 판단하는 전두엽이 제 역할을 하지 못합니다. 긍정적인 상태가 되면 전두엽은 예측하기, 방법 찾기 등의 일을 할 수 있다는 거지요. 따라서 습관적으로 부정적인 말이 튀어나온다면 의도적으로라도 그 말을 줄이기 위한 노력을 기울여야 합니다. 말투 하나 바꾸는 데 큰돈이 들거나 재능이 있어야 하는 건 아니지요. 목소리 톤을 살짝 올리고, 입술에 미소를 한가득 품으며 이렇게 말해 보세요. 마음속에 긍정 에너지가 가득해질 거예요.

"그래 한번 해 보자!"

"괜찮아. 잘될 거야!"

영국의 정치인이자 노벨 문학상 수상자인 윈스턴 처칠은 이런 말을 했습니다.

"비관주의자는 모든 기회에서 난관을 보고, 낙관주의자는 모든 난관에서 기회를 본다."

2차 세계대전 당시, 그는 긍정적인 마인드로 당시 영국 국민들에게 큰 희망을 심어 주었습니다. 낙관주의자는 자신에게 일어나는 나쁜 일을 일시적이고 특수한 사건으로 생각합니다. 시험에서 나쁜 점수를 받으면 많고 많은 시험 중에 한 번 나쁜 점수를 받았을 뿐이라고 말이죠. "괜찮아, 다음에 더 열심히 하자."라며 다음을 기약하고 의지를 다집니다.

반면에 비관주의자는 실패를 끔찍하게 여기며 다음에 또 일어날 일로 생각합니다. 나쁜 점수를 받으면 "내가 늘 그렇지, 뭐. 열심히 해도 안 되네."라며 비관합니다. '안 돼'에 초점을 맞추는 순간, 도전할 의욕을 잃어버립니다. '안 돼'라는 말 대신에 '된다'에 초점을 맞추면 인내심을 발휘하기가 쉽습니다. 되는 쪽으로 마음을 먹고 움직이게 하는 원동력이 됩니다.

영화 〈명량〉에서 이순신 장군의 유명한 대사가 나옵니다.

"신에게는 아직 12척의 배가 남아 있습니다."

기말고사 1교시 수학을 망쳐버렸습니다. "에잇, 기분도 안 내키는데 2교시도 포기할래."보다는 "아직 2, 3교시 한국사, 영어가 있어. 거기서 점수 내면 돼."라고 마음을 다잡으면 1교시 시험의 저주에서 벗어날 수 있습니다.

"공부할 시간이 아직 10분 남았네."

어려운 상황에 부딪쳤을 때, '아직'이라는 단어를 되뇌어 보세요. 낙관적인 사람이 된 것 같은 느낌을 받습니다.

재능은 비슷했지만 인생은 극과 극이었던 두 예술가가 있습니다. 반 고흐와 파블로 피카소인데요. 반 고흐는 무명 시절에 자신이 가난과 병에 시달리다가 고통스럽게 죽는 그림을 그렸습니다. 마치 예언이라도 하듯 이런 말을 자주 했다고 합니다.

"나는 평생 이렇게 살다가 비참하게 죽을 것 같아."

"나는 돈과 인연이 없나 봐."

반면에 피카소는 30대 초반에 이미 백만장자가 되었습니다. 빈민가에 살면서도 마음속으로는 세계적인 화가가 되어 부와 명예를 가진 모습을 상상했다고 합니다.

"나는 그림을 그려서 억만장자가 될 거야."

"나는 세계 미술사에 한 획을 긋는 위대한 화가가 될 것이다."

감정은 우리가 상상하지 못할 만큼 엄청난 영향을 미칩니다. 그렇다고 모든 일에 긍정을 대입하면 안 됩니다. 이런 경우를 생각해 볼까요?

친구는 시험을 대비해 교과서를 5번 반복해서 읽었다. 읽으면 읽을수록 공부할 게 많다고 말한다. 나는 긍정적인 자세로 1번만 읽고 충분하다고 생각한다.

나랑 친구는 80점으로 영어시험 결과가 같다. 친구는 어디에서 틀렸는지 분석하고 아쉬워한다. 나는 긍정적인 자세로 80점에 만족한다. 내 능력에 자화자찬한다.

우리 반 일진이 나를 조롱한다. 참기 힘들다. 학교 가기 싫다. 그래도 긍정적인 자세로 그의 조롱을 받아들인다. 넓은 아량으로 웃어 준다.

이렇듯 다짜고짜 긍정적으로 생각하라는 말이 아닙니다. 몸에 좋은 약도 부작용이 있듯이 긍정에도 부작용이 있습니다. 매사에 천하태평의 마음가짐이 생기기도 하고, 괴롭힘을 그냥 받아들이기도 합니다. 또 대책 없는 긍정은 안전불감증을 초래하기도 하니 긍정을 만병통치약으로 활용하지는 말자고요. 만병통치약은 아니지만 긍정의 힘은 많은 연구 결과에서 생각보다 좋은 결과를 보여주는 것으로 증명되었습니다.

빈민가 아이들이 달라진 이유

미국의 흑인 여성 교육가 마르바 콜린스는 시카고 빈민가에서 처음 교편을 잡았습니다. 학교 주변은 약물 중독을 비롯한 각종 범죄가 들끓었지요. 주변 환경이 이렇다 보니 공부와는 도무지 어울리지 않는 아이들이 학교를 그만두고 길거리를 헤맵니다. 마르바는 절도와 폭력에 빠진 이런 아이들에게 인생을 바치기로 결심합니다. 그녀가 상대할 아이들은 난독증, 학습 장애, 행동 장애를 가진 아이들. 하지만 공부와 담을 쌓고 있는 이 아이들에게 어떠한 교육도 불가능해 보였습니다. 다들 말렸습니다.

그녀는 아이들에게 문제가 있는 것이 아니라 교사의 지도 방법에도 문제가 있다고 생각했어요. 아이들은 누구에게도 도전을 일으키는 자극을 받은 적이 없었습니다. 또한 자신의 장점이 무엇이고 어떤 잠재력이 있을지 생각할 시간이 없었습니다. 마르바는 여기에 주안점을 두고 아이들에게 특이한 벌을 내렸습니다. 아이들이 좋지 않은 행동을 할 때 내리는 벌인데요. 알파벳 'A'에서부터 'Z'까지 먼저 적게 하고, 각각의 철자로부터 시작하는 긍정적인 '나'에 대한 문장을 적는 것입니다. 한글로 하면 '기역'부터 '히읗'까지의 단어로 시작하는 긍정적인 '나'에 대한 문장을 적는 것입니다. 예를 들면 '나는 공부는 못하지만 농구를 잘한다', '나는 남을 돕는 것을 좋아한다' 이런 것이죠. 벌이라기보다는 일종의 '마인드

컨트롤mind-control'입니다. 마음속에 자신의 긍정적인 이미지를 심어 주는 거죠. 정신적으로 고단한 벌칙이 될 수는 있겠지만 효과는 만점이었습니다.

마르바 선생님의 아이들은 어떻게 변했을까요? 당시 많은 흑인들이 초등교육도 받지 못했다는데 그녀의 제자들은 대부분 대학까지 마쳤다고 합니다. 긍정의 힘이 얼마나 대단한지 새삼 느낄 수 있지 않나요?

긍정의 힘을 최대치까지 끌어 올리는 방법이 있습니다. 바로 '긍정 확언'입니다. 내가 바라는 상태가 꼭 이루어진다는 자기 암시문입니다. 별것 아닌 것 같지만 지속적으로 생각함으로써 결국 희망하는 일이 이루어진다고 하는데요. 그런 사례는 아주 많습니다. 빌 게이츠는 세계적인 갑부가 된 비결에 대해 스스로에게 최면을 걸었다고 합니다.

'오늘은 왠지 큰 행운이 생길 것 같다.'

'난 뭐든지 할 수 있다.'

영화배우 짐 캐리도 무명 시절 매일 아침 거울을 보며 큰 소리로 외쳤다고 합니다.

'모든 사람이 나와 일하고 싶어 한다.'

'나는 정말로 좋은 배우다.'

'나는 온갖 장르의 영화에 출연 요청을 받고 있다.'

첫 사업 실패로 10억 원의 빚더미에 앉은 한 여성이 있었습니다. 하루하루 비참하게 살았습니다. 파리의 강변을 걷다가 자살도 생각했습니다. 하지만 5천억 원 이상의 수익을 내는 초밥 도시락 사업으로 재기에 성공합니다. 켈리델리KellyDeli의 창업자, 켈리 최에 대한 이야기입니다. 그녀의 성공 비결 중 하나가 '아침 긍정 확언'입니다. 에너지를 심어 주는 문구를 적고, 아침마다 읽었더니 효과가 있었다고 합니다.

효과를 극대화하기 위한 방법을 소개해 드릴게요.

첫째, 마음 다지기

일단 된다는 생각을 가지세요. '말한다고 되겠어?', '적는다고 되겠어?'라는 의심을 하면서 적는 것은 아무 소용이 없습니다. 믿음을 가지고 시작해 보세요.

둘째, 입으로 말하기

그는 혼잣말로 중얼거렸지만 전 세계가 지켜보았습니다. 펜싱 금메달리스트 박상영 선수의 이야기입니다. 2016년 브라질 리우 올림픽 결승전. 점수는 13:9로 4점 차로 지고 있는 상황. 상대 헝가리 선수는 1점만 내면 이기는 상황이니 금메달을 확신하고 있었겠지요. 그때 땀방울이 가득한 박상영 선수가 "할 수 있다."라며 혼잣말로 자기암시를 합니다. 그리고 거짓말처럼 5점을 내리 따더니 금메달을 거머쥡니다.

월요일 아침: "일어날 수 있어."

"즐거운 한 주가 시작되었어."

숙제가 많을 때: "아자아자, 할 수 있어. 나만 많은 거 아니잖아."

셋째, 글로 적기

나에게 힘을 주는 말, 명언 등을 손으로 써 보세요. 스스로 문장을 만들면 더 좋고요. 포스트잇을 활용해 책상 앞에 붙여 보세요. 친구 관계로 힘들거나 의욕이 없을 때 노트에 적어 보세요. 나중에 그 노트를 들추어 보면 다시 생기가 돕니다. 비록 다른 사람의 말이라도 내가 쓴 글이니까요.

"나는 즐거운 학교생활을 할 거야."

"나는 어제보다 오늘 더 성장할 거야."

"일단 해 보자. 밑져야 본전이다."

★ 작은 실천을 위한 꿈의 기록

1. 긍정적인 마인드는 실패에 부딪혀도 초고속으로 나를 충전시켜 주는 고성능 배터리와 같습니다.

  예) 나는 공부는 못하지만 농구를 잘한다.
    나는 남을 돕는 것을 좋아한다.

긍정적인 '나'에 대해 적어 보세요.

----

2. 화성에 혼자 떨어져 있는 것처럼 부정적인 생각이 밀려올 때 스스로에게 힘을 주는 긍정의 편지를 써 보세요.

3. 일주일간 매일 나를 위해 긍정의 문장을 적어 볼까요?

Day 1.

Day 2.

Day 3.

Day 4.

Day 5.

Day 6.

Day 7.

★ 함께하면 좋은 영상

긍정적이면 호르몬 분비와 뇌 활동이 좋아진다(2011. 11. 26. 393회 방송)_브레인 가든
https://www.youtube.com/watch?v=627IZbG8-mU

뇌 움직임이 다르다! 긍정적인 사람 vs 부정적인 사람(2017. 1. 25. 608회 방송)_행복한
사람들의 비밀-긍정의 힘, 감사의 마음
https://www.youtube.com/watch?v=UagOzzJ5NCM

내 삶에서
최우선 순위

　한때 '신의 직장'이라 불린 직업이 있습니다. '공무원'입니다. 월급이 많아서도, 워라밸이 좋아서도 아니었어요. 다만 해고당할 위험이 적고 정년을 보장받기 때문이었습니다. 그래서 적성과 흥미를 무시하고 너도나도 '공시족'에 뛰어들었어요. 공시족이란 공무원이 되는 시험을 준비하는 사람을 뜻합니다. 수많은 젊은이들이 노량진 고시원에서 공부와 사투를 벌이며 언제 붙을지도 모르는 시험을 위해 20대 청춘을 반납했습니다. 10년 이상 공부하는 공시족들에게는 포기하는 것도 용기라고 충고하고 싶을 만큼 안타까웠습니다. 그들이 힘들게 버틴 이유는 안정적인 직장이라는 믿음 때문이었어요. 추구하는 직업 가치관에서 안정성이 최우선 순위였으니까요.

하지만 요즘 젊은이들의 직업 가치관은 바뀌고 있습니다. 20대 청년들이 공직을 떠나고 있고, '공시족'이라 불렸던 취준생들의 도전이 줄어들고 있습니다. 안정적인 일자리보다 급여, 직장 복지 등 다른 요인을 더 중시하기 시작했기 때문이죠.

최근 공무원의 시들해진 인기와는 반대로 '10만 지원설'이라는 소문이 돌았던 채용 현장도 있었습니다. 현대차 생산직 채용입니다. 2013년 이후 10년 만에 400명을 뽑았는데요. 2만 명이 넘는 대기자가 발생하면서 채용 사이트 접속이 쉽지 않았을 만큼 인기 폭발이었습니다. 취업준비생뿐만 아니라 공무원, 회사원들도 몰래 지원했다고 합니다. 예전에는 생산직을 꺼리던 사람들도 직장을 옮길 채비를 하고 있습니다. 직업을 바라보는 가치관이 바뀌었기 때문입니다.

직업 만족도에 영향을 주는 직업 가치관

가치관은 특정 방향으로 선택하고 결정하게 하는 개인의 중요한 특성입니다. 이는 직업을 선택할 때도 영향을 끼치는데, 이를 '직업 가치관'이라고 합니다. 직업 가치관이 중요한 이유는 직업을 선택할 때 기준이 되고, 훗날 직업 만족도에 영향을 미치기 때문입니다.

tvN에 〈부산 촌놈〉이라는 예능 프로그램이 방영됐습니다. 출연진뿐만 아니라 담당 PD까지 모두가 부산 출신인 이 프로그램 콘셉

트는 '고생'입니다. 부산 사나이들은 호주 시드니에 가서 워킹 홀리데이를 체험합니다. 숙박비, 식비, 여행비는 알아서 해결해야 합니다. PD가 출연자들의 지갑을 모두 압수합니다. 직접 돈을 벌라는 말입니다. 호주판 '삶의 체험 현장'이지요. 해외 여행지를 소개하는 프로그램은 많았지만 직접 일을 하고 돈을 버는 프로그램은 지금까지 보기 힘들었습니다. 참고로 '워킹 홀리데이'란 나라 간에 협정을 맺어 젊은이들로 하여금 여행 중인 방문국에서 취업할 수 있도록 특별히 허가해 주는 제도입니다. 만 18세부터 30세까지만 신청할 수 있습니다.

네 명의 부산 사나이들은 각자 일터에 배치됩니다. 배우 이시언은 청소업체에서 일을 하게 됩니다. 청소일은 처음인 이시언에게 청소를 가르쳐 주는 베테랑이 있습니다. 한국 청년입니다. 고깃집 그릴 청소부터 구더기가 나오는 건물까지 청년의 손이 안 뻗치는 곳이 없습니다. 아침 9시부터 새벽 3시까지 일을 하는 이 청년. 그런데도 시종일관 미소를 잃지 않습니다. 그 비결이 궁금해졌는데요. 직업군인 시험에서 떨어지고 미국 배낭여행을 하다가 자본주의에 눈을 떴다고 해요. 돈을 많이 벌어야겠다는 마음에 임금이 높은 호주를 선택한 겁니다. 직업군인 시험에 떨어졌지만 다시 도전하지 않은 이유가 있습니다. 직업 가치관이 바뀌었기 때문입니다. 언어 장벽, 구더기의 출몰도 참을 수 있는 이유는 넉넉한 보수가 따라오기 때문이지요. 부자가 꿈이라고 해서 다들 이 청년처럼 사는 것은 아닙니다. 일확천금을 노려서 도박에 빠지거나 코인 투자에 몰입하는 젊은이도 있어요. 하지만 이 청년은 열심히 일해서 차근차근 돈을 모으고 있었습니다. 청소가 힘들어도 깨끗해진 결과물을 보면 뿌듯해진다는 그를 보며 저는 그 순간부터 이 청년의 미래를 응원하게 되었습니다.

이처럼 직업을 선택할 때는 자신의 적성과 흥미도 고려해야겠지만, 직업 가치관도 따져 보아야 합니다. 같은 직업이라도 자신의 가치관에 따라 만족도가 달라지기 때문입니다.

사람마다 중요하게 여기는 가치관이 다르며, 시간이 변함에 따라 가치관도 변합니다. 스스로에게 직접 가치관이 어떤지 물어보고 솔직하게 답변해 보세요. 다른 사람에게 보여주기 위한 가치를 우선순위에 두면 진정 나다운 삶을 살 수가 없습니다.

평소 자신이 추구하는 직업 가치관과 맞는 직업을 선택하면 만족감과 성취감이 올라갑니다. 창의적인 일을 하고 싶은데 공무원이 되어 행정적인 일만 하고 있으면 만족감이 떨어지겠지요. 월급이 적더라도 안정성이 보장되는 일을 하고 싶은데 자동차 영업직으로 일하며 판매량에 따라 보수가 달라진다면 그 또한 행복한 직장생활이 될 수 없을 것입니다.

여러분은 어떤 직업 가치관을 가지고 있나요? 나의 직업 가치관을 객관적으로 판단하고 싶다면 커리어넷과 워크넷에서 살펴볼 수 있어요.

커리어넷(www.careernet.re.kr)

안정성, 도전성, 보수, 영향력, 일과 삶의 균형, 사회적 기여, 즐거움, 성취, 소속감, 사회적 인정, 자기계발, 자율성 등 12가지 직업 가치관을 확인할 수 있으며, 결과지에는 가장 높은 3개의 직업 가치관과 연관성이 있는 직업들을 제시합니다.

워크넷(www.work.go.kr)

성취, 봉사, 개별 활동, 직업 안정, 변화 지향, 몸과 마음의 여유, 영향력 발휘, 지식 추구, 애국, 자율성, 금전적 보상, 인정, 실내 활동 등 13가지 가치관을 측정할 수 있습니다. 검사 결과에서 가장 높은 점수의 가치관 3가지와 연관성 있는 직업 예시들을 결과지에 제시합니다.

① **능력 발휘**: 나의 능력을 충분히 발휘할 수 있을 때 보람과 만족을 느낍니다.

② **자율성**: 어떤 일을 할 때 규칙, 절차, 시간 등을 스스로 결정하길 원합니다.

③ **보수**: 충분한 경제적 보상이 중요하다고 생각합니다.

④ **안정성**: 매사를 계획한 대로 안정적으로 유지하기를 좋아합니다.

⑤ **사회적 인정**: 다른 사람들로부터 나의 능력과 성취를 충분히 인정받고 싶어 합니다.

⑥ **사회봉사**: 다른 사람을 돕고 더 나은 세상을 만들고 싶습니다.

⑦ **자기계발**: 항상 새로운 것을 배우고 스스로 발전해 나갈 때 만족을 느낍니다.

⑧ **창의성**: 예전부터 해오던 것보다는 새로운 것을 만들어 내기를 좋아합니다.

위에 있는 직업 가치관 말고도 이런 것들도 있습니다.

- 개인 지향: 여러 사람과 어울려 일하기보다는 혼자 일하는 것을 더 좋아해요.

- 애국: 국가에 도움이 되는 일을 하고 싶어요.

- 즐거움: 직업은 즐거워야 해요.

- 도전성: 새로운 일에 도전하는 것을 중요하게 생각해요.

- 일과 삶의 균형: 일과 개인 생활의 균형을 중시해요.

- 화목한 가정생활을 할 수 있어야 해요.

- 신앙생활에 충실할 수 있는 시간이 필요해요.

- 세계적인 명성과 높은 인기를 얻고 싶어요.

- 열정을 가지고 도전하는 삶이 좋아요.

- 건강하게 오래 사는 데 도움이 되어야 해요.

[출처: 커리어넷]

꿈을 찾는 10대를 위한 진로 노트

★ 작은 실천을 위한 꿈의 기록

1. 아래의 질문에 대한 답변을 천천히 생각해 보세요. 나의 직업 가치관을 알고 싶을 때 참고가 됩니다.

① 500억이 있다고 상상해 보세요. 돈 때문에 일할 필요가 전혀 없다면 어떤 삶을 살고 싶은가요?

---

② 다른 사람을 보면서 나중에 저 직업이 내 직업이었으면 좋겠다고 부러워한 적이 있나요?

---

③ 내가 가장 중요하게 여기는 것들이 무엇인지 5가지만 열거해 보세요.

④ 내 인생에서 가장 행복한 장면을 이미지로 편집한다면 어떤 장면이 될까요? 내 인생 섬네일 제목을 정해 보세요.

---

2. 내가 희망하는 직업에서 어떤 가치들을 실현할 수 있을까요? 여러 가치를 찾아보고 그 이유를 써 봅시다.

예시)

직업	관련 가치	이유
교사	안정성	정년이 보장되므로
	일과 삶의 균형	정해진 출퇴근 시간이 있으므로
	자율성	학생의 배움을 돕기 위해 창의적인 방법으로 수업을 구성하므로
	자기계발	좋은 수업을 위해 연수도 받고 책을 많이 읽으므로

★ 함께하면 좋은 영상

청소의 축복이 끝이 없네? 기름때 박멸하려다 본인이 먼저 박멸된 이시언ㅋㅋ : <부산촌놈in시드니> EP.2(tvN 2023. 4. 30. 방송)
https://www.youtube.com/watch?v=nfTfUAytFcc

꿈을 찾기 위한
성장 레시피
-자기 주도 인생 기술

PART
2

걱정의 96%는
쓸데없는 것

공부를 많이 하면 공부가 늘고, 피아노를 많이 치면 피아노 실력이 늘죠. 그럼 걱정을 많이 하면 어떻게 될까요? 당연히 걱정이 늘어요. 걱정을 뜻하는 'worry'라는 단어의 어원은 고대 영어 'wyrgan'에서 유래했습니다. '사냥개가 짐승을 물고 흔든다'라는 의미가 있어요. 결국 걱정은 우리의 삶을 물고 흔들 수 있어요. 걱정도 습관이라고 해요. 걱정이 습관이 되면 우울증이 되고, 지나치면 죽을 수도 있어요. 그래서 걱정을 '느린 자살'이라고 하나 봐요.

현실적으로 걱정을 안 하고 살 수는 없지요. 적당한 걱정은 건강에 도움이 된다는 연구 결과도 있고요. 심하게 낙관적이고 무사태평하면 위험을 과소평가해 오히려 사고를 당할 확률이 높다고 하죠. 적당한 걱정은 조심성이라고 할 수 있습니다.

걱정을 내려놓는 법, 몰입

스타 강사 설민석이 책을 읽고 설명해 주는 〈tvN 요즘책방: 책 읽어드립니다〉에서 데일 카네기Dale Carnegie의 『인간관계론』을 소개한 적이 있습니다. '인생을 바꿀 삶의 지침서'인 『인간관계론』을 강독해 달라는 시청자들의 요청이 빗발쳤다고 합니다. 이 책은 자기계발서의 고전으로 꼽히는데, 출간 후 80년이 지나도 여전히 사람들에게 사랑받고 있지요.

자기계발 분야의 선구자인 데일 카네기는 가난한 농부의 아들로 태어났습니다. 꼭두새벽부터 농사일을 해야 하는 환경에서도 배움을 향한 열정은 식지 않았어요. 사람들 앞에서 말하기를 즐겼고, 학교 토론팀에서 활발하게 활동했어요. 교사, 세일즈맨 등 사람을 상대하는 여러 직업을 전전했는데 한동안 생활고를 겪기도 했으나, YMCA에서 대화법 및 대중연설을 가르치며 인생의 전환점을 맞이했다고 합니다.

그의 책 『인간관계론』과 더불어 불후의 자기계발서로 불리는 『자기관리론 : How to Stop Worrying and Start Living』에는 '걱정Worry'이 핵심 단어로 나와요. 데일 카네기는 생계를 위해 관심도 없던 트럭 판매일을 하면서 바퀴벌레가 득실득실한 집에서 살았습니다. 그때 그의 나이가 서른다섯 살이었습니다. 퇴사를 결심하고 YMCA 야간 수업을 진행했습니다. 수강생들에게 동기를 부여하고 문제를 해결할 수 있도록 도왔죠. 변화하는 수강생들의 모습을 보며 자신의 일에 보람을 느꼈습니다. 여러 해 강연을 하던 그는 사람들이 늘 걱정거리를 짊어지고 산다는 것을 알게 됐습니다. 이를 해결하고자 강연 교재로 쓸만한 책을 찾았지만 시중에는 없었습니다. 결국 직접 책을 쓰게 됐고 그리하여 나온 것이 『자기관리론』입니다.

이 책에는 걱정하는 습관을 없애는 방법이 나옵니다. 그중에 하나가 바로 '몰입'입니다. 걱정이 생긴다면 행동에 몰입하고 계속 바쁘게 움직이라고 조언합니다. 여기에 나오는 에피소드를 소개하겠습니다.

어린아이 둘을 하늘나라로 떠나보낸 뒤 한숨도 못 자고, 먹지도 못한 아버지가 있었습니다. 한순간도 편히 쉬지 못하고, 자신감도 잃어버렸지요. 결국 의사를 찾아가 도움을 요청했는데요. 한 의사는 수면제를 처방했고, 다른 의사는 여행을 권했습니다. 전혀 도움이 되지 않았습니다. 그런데 두 아이를 잃은 그 아버지에게는 네 살짜리 아들이 남아 있었어요. 어느 날 이 아들이 배를 만들어 달라고 합니다. 신경은 곤두서 있고, 몸은 천근만근이어서 꼼짝도 하기 싫었지만 어린 아들의 요청을 거절할 수가 없었답니다. 장난감 배를 만드는 데는 무려 3시간이나 걸렸습니다. 그런데 배가 완성될 즈음 놀라운 사실을 깨달았습니다. 처음으로 마음의 안식과 평화를 얻은 것이죠. 이후 무기력증에서 벗어났다고 합니다.

바쁘게 사는 것이 최고의 정신질환 치료제 중 하나라고 정신과 의사들은 말합니다. 전쟁의 참상을 겪으며 '정신신경증'에 걸린 군인들에게 군의관들은 "계속 바쁘게 움직여라"라는 처방을 내렸지요. 환자들은 숨 돌릴 시간조차 없이 여러 활동을 해야 했어요. 낚시, 사냥, 야구, 골프, 사진 찍기, 정원 가꾸기, 댄스 등 야외 활동이었습니다. 바쁘게 움직이다 보니 이들은 끔찍한 경험을 생각할 겨를이 없었습니다.

걱정이 나를 짓누를 때는 무언가에 몰입해 보세요. 작은 일이라도 빠져들어서 하다 보면 얻어지는 즐거움이 있어요. 하나의 몰입이 성취감으로 이어집니다.

여기서 한 가지 짚고 넘어갈 것은 '과몰입'입니다. '과몰입'은 위험합니다. 예를 들면, 걱정을 떨치기 위해 게임을 할 수 있어요. 그런데 게임에 몰입하다 보면 또 스트레스가 쌓입니다. 모든 게임에서 이긴다는 보장은 없잖아요. 지면 스트레스를 받고 이기기 위해 또 게임을 합니다. 악순환의 반복이고, 우선순위는 제쳐두고 게임에 빠집니다. 걱정에서 벗어나기 위해 게임에 과몰입하면 또 다른 걱정과 스트레스가 쌓이기 시작합니다.

10분 이상 걱정하지 마라

마음에 쓰이는 일을 미리 준비해서 해결할 수 있다면 적당한 걱정이겠죠. 하지만 우리가 하는 걱정의 대부분은 쓸데없는 것이랍니다. 캐나다인 심리학자 어니 젤린스키Ernie J. Zelinski는 10분 이상 걱정하지 말라고 말합니다.

"우리가 아는 걱정거리의 40%는 절대 일어나지 않는다. 걱정의 30%는 이미 일어난 일이며, 22%는 사소한 사건들, 4%는 우리가 바꿀 수 없는 것이다. 겨우 4%만이 걱정해서 바꿀 수 있다. 결국 우리가 하는 걱정의 96%는 불필요한 것이다."

재훈이는 거의 매일 진로 상담실을 찾는 VIP입니다. 재훈이의 하루 일과 대부분은 걱정으로 가득 차 있어요. 진로 고민을 너무 지나치게 하는 학생입니다.

"오늘 5교시, 영어 말하기 수행평가 못 하면 어떡해요?"
"한국사 자격증 통과 못 하면 어떡해요?"
"4년제 대학 못 가면 어떻게 돼요?"
"수학 시간에 잤는데 수학 선생님이 저 싫어하면 어떡하죠?"

머릿속이 걱정으로 가득 차 있으니 수업이든 쉬는 시간이든 즐겁지가 않습니다. 친구들의 한마디가 날카로운 화살처럼 가슴에 꽂힙니다. 여유 있게 리액션을 못 해주고 발끈하기 일쑤입니다. 그러면 친구들은 이상한 눈으로 쳐다보거나 뒤에서 험담을 해요. 학교에서 본인 말을 귀담아들어 주는 이는 상담 선생님밖에 없으니 상담실 근처만 맴돌 뿐입니다.

많은 학생들이 사실 재훈이와 비슷하게 친구 관계, 진로, 성적, 시험 등 이런저런 걱정이 가득합니다. 걱정을 줄이려면 어떻게 해야 할까요? 일단 웃는 연습이 필요합니다. 좀 모자란 듯 보여도 웃다 보면 걱정이 날아갈 수도 있으니 웃는 것부터 시작하라고 권하고 싶습니다. 그리고 몰입을 하면 걱정을 내려놓을 수 있습니다. 무슨 일이든 붙들고 잠시라도 몰입하다 보면 머릿속에서 어느 순간 걱정은 사라지고 마음속에 즐거움이 차오르는 경험을 할 수 있을 거예요.

티베트에는 '걱정을 해서 걱정이 없어지면 걱정이 없겠네'라는 속담이 있습니다. 지금 하는 걱정이 이미 일어난 일에 대한 자책인지, 실제 매우 사소한 사건인지, 절대 일어날 수 없는 일인지, 내가 어찌해도 어쩔 수 없는 일인지를 살펴보세요. 걱정을 달고 살지 말고 지금 당장 해야 하는 일에 집중합시다. 이제부터 쓸데없는 걱정은 휴지통에 넣어 버려요.

★ 작은 실천을 위한 꿈의 기록

1. 현재 걱정이 되는 일이 있다면 빈칸을 채우면서 해결해 보세요.

① 무슨 일로 걱정하고 있나요?

---

② 예상되는 최악의 상황은 무엇인가요?

---

③ 최악의 상황을 해결할 방법은 무엇일까요?

2. 여러분은 어떤 일을 할 때 몰입하나요? (단, 게임이나 도박 등 과몰입하면 중독이 될 수 있는 것들은 제외)

★ 함께하면 좋은 영상

걱정이 많다면 꼭 보세요!
https://www.youtube.com/watch?v=EmxwiagT5Ps

'남들이 욕할까 무서워요' 타인 민감성이 너무 높은 에일리?: <오은영의 금쪽 상담소> 1회
https://www.youtube.com/watch?v=T2V8QYx83uw

성공 그릇을 키워주는
이것

개끼리 싸움을 붙여 승패를 가르는 행위, 또는 싸움을 시키기 위해 기르는 개를 '투견'이라고 합니다. 현재는 동물 학대 행위로 엄격히 금지하고 있습니다. 그런데 싸움에서 진 투견은 이길 수 없다는 패배의식 때문에 상대 투견의 눈도 제대로 마주치지 못한다고 해요. 사람이 이런 투견과 다른 점은 바로 실패를 통해 배우고 성장할 수 있다는 것입니다. 아래 글은 국내 모 맥주 회사의 2016년 광고 카피입니다.

지원하지 않으면 떨어질 일도 없어

고백하지 않으면 차일 일도 없지

시도하지 않으면 실패할 일도 없고

꿈이 없다면 힘들 일도 없을 거야

하지만 혹시 알아?

이번엔 성공할지

세상의 박수를 받게 될지

그래도 널 좋아하고 있을지

숨겨진 능력을 발견하게 될지

아무것도 하지 않으면 아무 일도 일어나지 않아

　제 인생 모토가 마지막 문장에 나와 있어요. 무언가 시도했다가 실패하면 무능력한 사람으로 낙인찍힐까 두려워 시도조차 하기 싫을 때가 있었어요. 다른 일로 바빠서 못 하겠다고 스스로 변명을 하기도 했고요. 그럴 때마다 '아무것도 하지 않으면 아무 일도 일어나지 않아'를 되뇌며 용기를 내곤 했습니다. 이렇게 하면 모두 성공하냐고요? 그럴 리가요. 실패를 하면 그 순간 자존감이 떨어지고, 극복하는 데 시간이 걸립니다. 왜 나만 실패하냐고 원망도 하고, 어디서부터 잘못되었는지 곰곰이 생각도 하지요. 마음의 상처를 입고 치유하는 과정이 꽤 힘들기도 합니다. 그럼에도 불구하고 다음 단계로 도약하기 위한 오기가 생기고 실패의 원인을 분석한다면 어떻게 될까요? 실패가 나를 겸손하게 만들고, 반성하게 하고, 공부하게 한다면 웬만한 성공보다 낫지 않을까요?

실패의 날이 가져온 성공

'클래시 오브 클랜'이라는 게임을 한 번쯤 들어봤을 거예요. 이 게임은 핀란드 게임회사 '슈퍼셀'이 만들었는데요. 이 회사는 연 매출 2조 원이 넘는 급성장으로 많은 이들의 주목을 받고 있습니다. 그렇다면 슈퍼셀의 성공 비결은 무엇일까요?

슈퍼셀에서는 게임 아이디어를 제출한 뒤 채택되지 못한 직원에겐 파티를 열어 준다고 합니다. 실패를 축하해 주는 파티죠. 높은 실적을 낸 직원만 높이 평가하는 다른 회사의 문화와는 다릅니다. 슈퍼셀은 실패를 장려합니다. 그 배경에는 실패를 대대적으로 용인하고 축하하는 핀란드 문화와도 관련이 있습니다. 핀란드는 매년 10월 13일을 '실패의 날'로 정해 학생, 창업자, 교수 등이 한자리에 모여 자신의 실패 경험을 이야기하고 서로의 실패를 축하해 줍니다. 핀란드 헬싱키 알토대학의 기업가정신 커뮤니티인 알토스 AaltoES가 실패를 용인하는 문화를 퍼뜨리기 위해 만든 날이라고 합니다.

어쩌다 이런 날을 만들게 되었을까요? 핀란드를 대표하는 국민 기업 노키아의 몰락이 계기가 되었다고 해요. 세계 휴대전화 점유율 1위였으며, 핀란드 국내 총생산GDP의 24%를 차지했던 노키아가 시대 흐름을 좇지 못해 몰락하면서 핀란드는 경제적 위기를 맞았어요. 그래서 새로운 도전을 장려하기 위해 이날을 제정했다고 합니다.

여러분이 도전해서 실패한 경험이 있다면 그건 축하받을 일입니다. 실패는 죄가 없어요. 성공의 반대말을 실패라 쓰지 말고 포기라고 여기는 건 어떨까요?

실패로부터 아무것도 배우지 못한다면 인생의 뼈아픈 경험이고 걸림돌이 되겠지만, 실패를 사전 연습이라고 생각하면 두려움이 사라집니다. 뭐든 처음이 어렵지 그다음부터는 쉬운 법이니까요.

걸림돌과 디딤돌은 모두 같은 돌멩이입니다. 어떻게 생각하느냐에 따라 차이는 엄청납니다. 걸림돌에 넘어지면 누군가는 이 돌멩이를 장애물이라고 하겠지만, 관점에 따라서는 디딤돌이 될 수도 있습니다. 실패 또한 보는 관점에 따라 달라져요. 실패도 성공으로 가는 디딤돌이 될 수도 있지요.

회사의 자기소개서에 아래와 같은 항목이 나오기도 합니다. 꼭 취업이 아니더라도 대학에 가기 위한 학교생활기록부에 실패의 경험과 극복 사례가 구체적으로 드러나 있는 경우에 입학사정관의 눈길을 끌기 마련이지요.

• 낯선 환경에서 어려움을 극복하고 성공적으로 수행했던 경험
• 예상치 못한 문제에 직면하였으나 원인을 파악하여 극복했던 경험

빅뱅 우주론에 따르면 우주는 뜨겁고 밀도 높은 한 점에서 단 한

번의 빅뱅으로 시작되었답니다. 우주의 시작은 단 한 번의 빅뱅이었지만 우리가 성공하기 위해서는 수많은 빅뱅이 일어나야 해요. 실패, 좌절, 도약의 빅뱅을 통해야만 비로소 성공할 수 있지요. 절대 단 한 번의 빅뱅으로는 꿈을 이룰 수는 없습니다. 컴퓨터는 실패하면 다운되거나 고장이 나겠지만, 인간은 유연한 머리가 있어 실패를 통해 배웁니다. 실패는 자연스러운 진화의 한 과정입니다. 따라서 무언가를 해 보다가 실패의 빅뱅이 일어나면 '성공으로 진화하고 있구나'라고 생각해 보세요. 크고 작은 일에 실패한 후 낙담해서 어깨를 축 늘어뜨리고 있다면 생각을 바꿔 보세요. 또 하나의 경험치가 업데이트되었다고 말이죠.

실패가 없었다면 성공도 없었다

실패한 후 더 크게 성공한 인물 중에는 하얀 양복과 지팡이를 들고 있는 KFC 창립자 할랜드 샌더스Harland David Sanders가 있습니다. 그가 65세 때 운영하던 식당 옆에 고속도로가 놓이면서 손님의 발길이 뚝 끊어졌습니다. 식당은 경매로 넘어가고 돈 한 푼 없는 알거지가 되었어요. 현실을 받아들이기 어려웠지만 포기하지 않았습니다. 닭튀김만큼은 자신이 있었거든요. 미국 전역에 있는 식당들을 찾아가 제안했습니다. 자신의 요리 비법을 알려 주는 대신 음식이 판매될 때마다 로열티를 받겠다고요. 자동차 안에서 새우잠을 자고 주유소 화장실에서 면도를 하면서 자신의 조리법을 팔았습니다. 1,008개 식당에서 거절을 당합니다. 끝까지 포기하지 않았던 그는 마침내 1,009번째 식당 주인, 피트 하먼에게 허락을 받습니다. 그와 매장을 설립한 이후 프랜차이즈 점주를 모집하기 시작했고, 그 규모는 점점 커져 오늘날의 KFC가 되었습니다.

동그란 안경과 흰색 양복으로 대표되는 그의 이미지는 치킨 조리법을 팔러 다니며 입었던 복장에서 비롯된 것입니다. 당시 가난했던 샌더스는 여러 벌의 양복을 구매할 여력이 없었고, 거래처를 다닐 때는 언제나 여름용 하얀 양복만 입고 다녔지요. 하얀 양복 패션은 긍정적인 인상을 주었고, 그의 트레이드마크가 되었습니다.

해리포터의 작가 J. K. 롤링도 이렇게 말합니다.

"한 번도 실패하지 않은, 그런 삶 같지 않은 삶은 그 자체로 실패다."

『해리포터』로 성공하기 전, 롤링은 20대 후반 이혼한 후 직장까지 잃어 최저생계비로 살아가는 싱글맘이었습니다. 번듯한 작업실 하나 없어 어린 딸을 데리고 카페에서 글을 쓴 것으로도 유명하죠. '이 정도면 바닥이겠지.'라며 더 이상 잃을 게 없다는 생각이 들 무렵, 오히려 온 힘을 다해 책을 썼습니다. 2011년 하버드 대학교 졸업식에서 그녀는 최고의 대학을 졸업하는 학생들에게 역설적으로 실패의 장점을 말했습니다.

"저는 지금 실패가 재미있다고 말하려는 것은 아닙니다. 그 시기는 제 인생의 가장 어두운 시간이었고, 그 터널이 얼마나 길지 전혀 알 수 없었으며, 그 끝에 있는 빛은 현실이 아닌 희망에 불과했으니까요. 그런데 왜 저는 실패의 장점에 대해 말하는 걸까요? 실패는 살면서 불필요한 것을 버릴 수 있게 만듭니다. 실패한 이후 저는 과장되고 가식적인 것을 버리는 대신, 모든 에너지를 중요한 일에 집중했어요. 저에겐 사랑하는 딸이 있었고, 오래된 타자기와 창작 아이디어가 있었죠. 그건 모두 제 삶을 만드는 단단한 기초가 됐습니다. 살면서 실패를 겪지 않을 순 없어요. 살아 있는 것같이 느껴지지 않을 만큼 조심스럽게 산다면 가능할 수도 있겠죠. 그러나 아무것도 하지 않는 건 실패한 것과 마찬가지예요."

J. K. 롤링은 실패를 성공의 디딤돌로 여겼죠. 그녀는 누구보다 큰 실패를 맛보았지만, 누구보다 더 큰 성공을 이루어 냈습니다. J. K. 롤링의 말을 새기면서 실패의 두려움을 함께 극복해 보세요.

★ 작은 실천을 위한 꿈의 기록

여기는 실패 박람회입니다. 저마다 하나씩 실패를 껴안고 있습니다. 사소한 것부터 서로의 실패 경험을 공개적으로 말해 봅시다. 여러분도 실패 박람회의 한 부스를 운영하고 있습니다. 실패한 경험과 극복 방안을 적어 보기 바랍니다.

〈실패 박람회_실패한 경험을 자랑하라〉

(제목): ....

(내용): ....

....

....

....

(극복 방안): ....

....

....

....

★ 함께하면 좋은 영상

조앤 롤링 하버드 졸업 연설

https://www.youtube.com/watch?v=6zoXkPdbk9A

실패가 두려운 당신에게: <지식채널e>

https://www.youtube.com/watch?v=tLpfhASOOoE

불가능을 가능으로 바꿀 수 있었던 섀클턴의 참된 리더의 모습: <알쓸인잡>

https://www.youtube.com/watch?v=gaB_X93YvWY

머뭇거리고 미루기엔
인생이 짧다

"로또를 사야 당첨이 되든 하지."라는 말이 있죠. 이 말은 원하는 것이 있으면 꿈만 꾸지 말고 '행동'을 해야 한다는 의미입니다. KBS2 퀴즈토크쇼 〈옥탑방의 문제아들〉에 이런 문제가 나왔습니다. 잠깐 풀어 볼까요?

사회 경제학자 랜달 벨 박사의 연구에 따르면 성공한 사람에게는 있고, 실패한 사람에게는 없는 생활 습관이 존재한다고 합니다. (이것)을 하는 사람은 (이것)을 하지 않는 사람보다 백만장자가 될 가능성이 206.8%나 높다고 합니다. 백만장자들의 생활 습관인 이것은 무엇일까요?

정답은 '이부자리 정리하는 습관'입니다. 아침에 이부자리를 정돈하는 데는 그리 긴 시간이 걸리지 않습니다. 몸을 일으켜 조금만 움직이면 되니까요. 할까 말까 고민하는 시간에 얼른 일어나서 이부자리를 정리해 보세요. 그것이 실행력을 키우는 시작입니다.

실행이 가져온 도미노 효과

성서 다음으로 19세기의 최대 베스트셀러는 무슨 책일까요? 1853년에 출간되어 그해에만 30만 부가 판매된 『톰 아저씨의 오두막』입니다. 작가는 흑인 해방의 어머니라고 불리는 해리엇 비처 스토Harriet Beecher Stowe입니다. 당시 미국 남부의 흑인 노예에겐 자유가 없었어요. 1850년 '도망노예단속법'까지 제정되어 노예의 탈주를 도운 사람들을 처벌하고, 도망친 노예를 폭력을 써서 붙잡을 수 있었죠.

소설 속에서 셸비 부부는 정직하고 성실한 흑인 노예 톰을 인간적으로 아낍니다. 아들 조지도 노예를 차별하지 않죠. 현실에서는 찾아보기 힘든 아름다운 가족입니다. 하지만 셸비 가족의 사업 실패로 톰을 다른 주인에게 팔게 되고 새 주인은 톰을 무자비하게 학대하죠. 소설 속 이야기가 사실인지에 대해 논란이 일자 작가는 노예제도의 실상을 있는 그대로 드러내고자 했다고 밝혔습니다.

이 소설은 남북전쟁의 도화선이 되어 노예를 해방시키는 데 큰 영향을 끼쳤습니다. 남북전쟁에서 북군을 이끌며 노예 해방을 이룬 에이브러햄 링컨이 이 소설을 읽었던 것이지요. 이 한 편의 소설이 링컨의 마음을 움직였고, 링컨은 더 이상 침묵할 수가 없었습니다. 소설이 출간되고 9년 후인 1861년 미국 남북전쟁이 발발했고, 이후 1865년에 드디어 노예 해방이 선언되었어요.

"당신이 이 커다란 전쟁을 촉발시킨 책을 쓴 작은 여인이로군요." 당시 링컨 대통령이 작가인 해리엇 비처 스토에게 한 말입니다.

이처럼 하나의 실행력이 도미노가 되어 어떤 성과를 몰고 올지 아무도 모릅니다. 실행력이라는 도미노는 제 몸집보다 훨씬 더 큰 도미노를 넘어뜨릴 수 있습니다. 게리 캘러Gary Keller는 『원씽』에서 성공은 도미노처럼 작동한다고 말합니다. 2009년 11월 13일, 네덜란드의 레바르덴에서 도미노의 날 행사가 열렸습니다. 도미노 기업인 '베이어스'는 4,491,863개가 넘는 도미노를 화려하게 늘어세우며 세계 기록 경신에 도전했어요. 도미노 하나에서 시작된 연쇄 반응은 총 94,000J(줄, 에너지의 단위)의 에너지를 방출합니다. 이는 성인 남성이 545개의 팔굽혀펴기를 하는 데 필요한 에너지와 맞먹습니다.

한 개의 도미노는 자신보다 1.5배나 큰 것도 넘어뜨릴 수 있다고 합니다. 첫 번째 도미노는 높이가 5cm에 불과하지만 점점 1.5배씩 높게 만들었더니 마지막 것은 90cm가 되었습니다. 그 결과 손가락으로 '톡' 건드려 도미노를 움직이기 시작해 '아주 커다란 꽹음'

을 들을 수 있었지요.

도미노를 쓰러뜨리는 일은 생각보다 단순합니다. 줄 맞춰 세운 다음 첫 번째 도미노를 손가락으로 살짝 튕기기만 하면 되니까요. 여러분도 첫 번째 도미노가 가지고 있는 실행력이라는 힘으로 원하는 일을 시작해 보면 어떨까요?

작심삼일을 반복하면 작심천일이 된다

학생들의 장래 희망 1위가 유튜버 크리에이터라는 설문조사 결과가 있어요. 하지만 실제로 영상을 제작하는 학생은 그리 많지 않아요. 콘텐츠를 직접 만들고 올려야만 크리에이터죠. 생각만 한다고 크리에이터가 될까요? 남들이 올린 영상 콘텐츠를 소비만 하지 말고 직접 생산자가 되어 보세요. 꿈에 한 걸음 다가가는 길입니다.

웹툰작가들의 방송 노출이 많아진 걸 보면 웹툰작가의 인기가 치솟고 있음을 알 수 있습니다. 평균 연수입은 1년 내내 연재할 경우 1억 원이 넘습니다. 웹툰 시장이 빠르게 성장하는 가운데 연봉이 수십억 원에 달하는 작가도 있습니다. 웹툰작가가 선망의 직업으로 인식되면서 지원하는 사람들도 늘고 있지요. 제가 얼핏 보아도 웹툰작가가 꿈인 학생이 한 반에 한 명 정도는 있습니다.

어떤 꿈을 가지고 있든 실행력이 중요합니다. 지루한 수업 시간을 때우려고 연습장에 의미 없는 그림을 그린다고 해서 웹툰작가

🔆 tip. 실행력을 돕는 4단계

『하버드 행동력 수업』의 저자 가오위안은 좋은 아이디어보다 빠른 실행이 인생을 결정한다고 강조합니다. 머릿속에 생각만 가득하다면 가오위안이 제안한 실행을 돕는 4단계를 참고해 보세요.

1단계 먼저 손가락을 움직여라

반드시 해야 하는 목표가 있으면 손가락을 움직여 정보를 수집하라는 뜻입니다. 성적을 올리고 싶어 학원을 검색한다거나, 관련 학과에 대한 진학 정보를 찾는 것 등이지요. 우선 손가락을 움직여 두뇌를 자극해야 긍정적인 명령이 입력됩니다.

2단계 스마트폰을 끄고 집중하라

스마트폰과 헤어질 결심을 하세요. 스마트폰과 멀어지면 세상과 단절된 것처럼 안절부절못하는 사람이 있습니다. 30분이라도 스마트폰을 끄는 훈련을 한다면 좀 더 건설적인 일을 실행할 수 있는 시간이 확보됩니다.

3단계 완벽주의를 극복하라

완벽주의자는 구체적인 것에 몰두하느라 전체적인 것을 보지 못하며, 스스로를 피곤하게 만듭니다. 경쟁의 부담 때문에 행동하지 못한 채 주저하거나 완벽할 때 시작한다고 미루지 마세요. 완벽할 때는 오지 않아요. 완벽주의만 극복해도 실행력은 급상승합니다.

4단계 미루는 습관을 고쳐라

시험 공부, 과제 등 어차피 해야 하는 일인데도 마감 시간까지 기다렸다가 행동하는 학생이 있습니다. '조금 있다가 해야지.'라며 자꾸 미루다 보면 고질적인 습관이 됩니다. 꼭 해야 할 일이 있다면 5분이라도 먼저 시작해 보세요. 후회하고 자책하는 시간에 뭐라도 해 놓는 게 우선입니다.

가 되기는 힘들겠죠. 또한 웹툰만 주야장천 본다고 해서 작가가 되는 것도 아닙니다. 사소한 아이디어라도 있다면 머릿속에 담아 두지 말고, 밖으로 분출해야 합니다. 요즘은 온라인을 통해서 자신의 작품을 드러낼 통로가 많아졌다고 하니 그런 기회를 충분히 활용해 보세요. 온라인 공모전에 출품하는 게 너무 거창해 보이고 먼 나라 얘기인 것처럼 들리나요? 작은 것부터 실천해 보세요. 웹툰작가가 되기 위해 필요한 역량은 무엇인지, 웹툰작가 양성 전문 학교가 있는지 등 자료를 조사하고 자신만의 스토리가 있다면 수시로 노트에 적어 두는 정도는 해야겠죠.

이런 식으로 무언가 하고 싶은 것이 있다면 당장이라도 시작해 보세요. 위대한 생각이 세상을 변화시키지는 않습니다. 생각만으로는 절대 바뀌지 않아요. 보잘것없는 아이디어라도 우선 실천해 보고 시행착오를 겪는 사람만이 세상을 바꿉니다. 머릿속으로 상상하는 꿈은 아무 의미가 없습니다. 제아무리 근사한 꿈이 있고, 목표가 있다 한들 행동하지 않으면 기적은 일어나지 않습니다.

단단한 마음이 사흘을 가지 못한다는 사자성어가 있습니다. '작심삼일作心三日'. 굳게 다짐한 의지가 점점 희미해지면서 흐지부지되는 상황인데요. 작심삼일이면 어때요? 3일이라도 했잖아요. 단 1일도 안 한 채 누워서 상상만 하는 것보다 훨씬 낫죠. 3일 뒤에 또 작심삼일, 그 이후에도 계속 작심삼일이면 작심백일, 작심천일이 되지 않을까요?

꿈을 찾는 10대를 위한 진로 노트

★ 작은 실천을 위한 꿈의 기록

오늘 한 가지 실천하는 것은 첫 번째 도미노처럼 잠재적 에너지를 가질 것입니다.

첫 번째 도미노 ＿＿＿＿＿＿＿＿＿ 에서 시작하면

마지막 도미노는 ＿＿＿＿＿＿＿＿＿ 을/를 이루며

쓰러질 것이다.

오늘부터 (1) ＿＿＿＿＿＿＿＿＿ 해 볼까?

(2) ＿＿＿＿＿＿＿＿＿ 해 볼까?

(3) ＿＿＿＿＿＿＿＿＿ 해 볼까?

★ 함께하면 좋은 영상

도미노에 숨겨진 과학
https://www.youtube.com/watch?v=ybpiGYx1b5o

"톰 아저씨의 오두막" by 해리엇 비처 스토 한번에 끝내기(문학줍줍 책 요약 리뷰)
https://www.youtube.com/watch?v=Bk0561dug0g

역발상으로
어떤 문제든 해결한다

　배우 김혜수가 조선의 국모 역할을 맡은 퓨전 사극 드라마 〈슈룹〉이 한때 화제였습니다. '슈룹'은 우산의 옛말인데요. 왕자들을 지키기 위한 궁중 엄마들의 모성애를 비유하는 듯합니다. 드라마 속 배경인 조선시대 궁궐 안에서 자식 교육을 위해 치열한 전쟁이 벌어집니다. 지금의 입시 전쟁보다 더 치열한 궁중 왕자들의 왕세자 되기 프로젝트를 보여주는 기발한 발상이 시선을 끌었지요.

　드라마에 '택현'이라는 말이 나오는데, 어진 사람을 왕으로 선택하겠다는 뜻입니다. 일반적으로 왕위는 적장자 계승 원칙입니다. 대체로 중전의 첫째 아들이 왕위를 물려받지요. 택현을 하겠다는 것은 그 원칙을 무너뜨리는 것입니다. 태종 이방원의 셋째 아들도 택현으로 왕위를 물려받았습니다. 그가 바로 세종대왕이지요.

드라마 속에서도 왕은 택현을 통해 세자를 선발하겠다고 선언합니다. 중전과 후궁의 아들들은 세자가 되기 위해서 왕이 내리는 미션을 통과해야 합니다. 왕은 이 미션을 통해서 왕자들의 문제 해결 능력과 인성을 보고자 한 것이죠. 누가 봐도 문무文武를 겸비하고, 인성마저 훌륭한 중전의 둘째 아들 성남대군이 세자가 됩니다. 택현의 과정에서 성남대군은 조선시대에 만연했던 고정관념을 깨부숩니다. 왕은 도형에 선을 하나 그어 반달을 2개 만들라는 미션을 내립니다. 관료들이 뭐 이런 문제가 있냐고 볼멘소리를 냈지만 성남대군은 붓을 옆으로 눕혀 엄청 두꺼운 선을 그어 반달 2개를 만들어 내죠.

왕은 세자 후보 3명에게 이런 미션도 내립니다. "만약 임금이 된다면 훌륭한 신하를 뽑기 위해 어떤 질문을 하겠느냐?" 정답이 따로 있는 질문은 아니지요. 성남대군을 제외한 나머지 2명의 후보는 책에서 읽은 듯한 모범적이고 뻔한 대답을 합니다. 하지만 성남대군은 "궁 밖에서 들은 임금에 대한 욕이 무엇인지 묻고 싶습니다. 임금을 두려워하면서도 불만이 나왔다면 백성의 고통이 참을 수 없는 지경까지 왔다는 걸 의미하기 때문입니다."라는 예상치 못한 대답을 하며 왕의 관심을 끕니다.

해결해야 할 문제가 있는데 기존의 방식으로 힘들다 여겨지면 역발상이 필요합니다. 고정관념은 우리의 정신을 어떤 틀에 가둡니다. 틀에서 빠져나오기란 쉽지 않죠. 다르게 생각하는 훈련을 해야 합니다.

다르게 생각한다는 것

스티브 잡스Steve Jobs는 본인이 설립한 회사 애플에서 해고를 당하고, 새로운 회사를 설립해 픽사를 인수한 후 〈토이스토리〉를 흥행시키며 재기에 성공합니다. 반면 애플은 영업 부진에 허덕이고 있었고, 우여곡절 끝에 스티브 잡스는 애플로 복귀하죠. 이때 나온 애플의 캐치프레이즈가 'Think Different(다르게 생각하라)'였습니다.

여기에 미친자들이 있습니다.

부적응자, 혁명가, 문제아

네모난 구멍에 박힌 동그란 마개처럼 사물을 다르게 보는 사람들

그들은 규칙을 좋아하지 않습니다.

현실에 안주하는 것도 원치 않습니다.

당신은 그들의 말을 인용할 수도 있고, 그들에게 동의하지 않을 수도 있으며, 또는 그들을 찬양하거나 비난할 수도 있습니다.

당신이 할 수 없는 유일한 것은 무시하는 것입니다.

왜냐하면 그들이 세상을 바꾸기 때문입니다.

그들은 인류를 앞으로 나아가도록 합니다.

어떤 이들은 그들을 보고 미쳤다고 하지만, 우리는 그들을 천재로 봅니다.

자신이 세상을 바꿀 수 있다고 믿을 만큼 미친 자들, 바로 그들이 실제로 세상을 바꾸기 때문입니다.

살모사, 해파리, 복어, 말벌의 공통점은 무엇일까요? 넷 다 모두 사람을 죽일 수도 있는 독이 있다는 거죠. 하지만 인류는 치명적인 독으로 질병 치료제를 개발합니다. 독 중에서도 상위권에 있는 '보툴리눔 톡신'은 호수나 강의 진흙 속에 사는 보툴리누스균이 만들어내는 독입니다. 이 독에 중독되면 근육이 마비되고 숨을 쉴 수 없어요. 1그램으로 사람 100만 명을 죽일 수 있고, 1킬로그램이면 지구상 모든 인류를 죽일 수 있죠. 이 무서운 독이 인류에게 유효할 때도 있어요. 노화로 생긴 주름을 탱탱하게 펼 때 쓰는 보톡스가 바로 이 독으로 만든 거예요. 극소량만 근육에 주사하면 근육에 붙어 있던 피부가 펴진다고 하는데요. 이렇듯 사물을 뒤집어서 사용하면 독이 약이 될 수도 있답니다.

"제 이름은 똑바로 읽어도 거꾸로 읽어도 우영우입니다. 기러기, 토마토, 스위스, 인도인, 별똥별, 우영우." 2022년 전 세계를 강타한 감동적인 드라마 〈이상한 변호사 우영우〉에서 주인공이 자신을 소개할 때 하는 말입니다. 이 드라마는 천재적인 두뇌와 자폐스펙트럼 장애를 동시에 가진 우영우가 대형 로펌에서 자신만의 시선으로 사건을 해결하는 과정을 그립니다. 우영우 역할을 맡은 배우

박은빈의 연기력에 혀를 내두르면서 이 드라마를 꼭 챙겨 본 기억이 납니다. 엉뚱하고 솔직한 우영우는 때로는 사람들을 놀라게 하지만, 틀에 박힌 규칙들을 새롭게 바라보게 합니다. 남들은 당연하게 여기거나 미처 보지 못한 것을 자신만의 방식과 새로운 시각으로 바라보며 사건을 해결합니다. 다음은 우영우가 사건의 실마리를 찾으며 멘토인 정명석 변호사에게 이야기하는 대사입니다.

"이 사건은 재미있습니다. 제가 좋아하는 고래 퀴즈 같아요. 몸무게가 22톤인 암컷 향고래가 500킬로그램에 달하는 대왕오징어를 먹고 6시간 뒤 1.3킬로그램짜리 알을 낳았다면, 이 암컷 향고래의 몸무게는 얼마일까요? 정답은 '고래는 알을 낳을 수 없다'입니다. 고래는 포유류라 알이 아닌 새끼를 낳으니까요. 무게에만 초점을 맞추면 문제를 풀 수 없습니다. 핵심을 봐야 해요. 이 사건은 형사 사건이니 사람들은 보통 형법에만 초점을 맞춥니다. 하지만 민법을 봐야 해요."

이처럼 우영우는 고래의 무게에만 초점을 두지 않고 '핵심'을 보았기 때문에 사건을 잘 해결할 수 있었습니다.

역발상의 또 다른 예로 선풍기를 들 수 있습니다. 에어컨은 시원하긴 해도 전력 소모가 많고 지구 온난화의 주범이다 보니 저는 여름이면 선풍기를 더 가까이합니다. 그런데 갈수록 선풍기의 진화가 놀랍습니다. 초소형으로 제작되어 휴대용으로 들고 다니기도 하고, 심지어 날개 없는 선풍기도 등장했습니다. 날개의 회전으로 바람을 일으켜 시원함을 보장했는데, 날개를 떼어 내다니. 날개가 없으니 훨씬 안전하고 조용합니다. 가벼워 여기저기 옮겨 가며 이용하기에도 편리합니다. 청소도 간편하고요. 선풍기는 무조건 날개가 있어야 한다는 발상을 뒤집어 탄생한 것이 바로 날개 없는 선풍기예요. 물론 좀 비싸다는 단점이 있지만 날개 없는 선풍기를 통해 발상을 전환하면 인류에게 유익한 물건이 나올 수 있다는 걸 배울 수 있습니다.

Impossible을 Possible로 만드는 매직

하늘 위에 배를 띄운 호텔을 본 적 있나요? 3개의 건물 옥상 위에 배 모양의 수영장을 만든 곳이 있습니다. 세계에서 가장 높은 수영장이지요. 수영장에서 수영을 하다 보면 마치 하늘을 헤엄치고 있는 느낌이 든다고 합니다. 싱가포르의 랜드마크, 마리나 베이 샌즈입니다. 아델슨 회장은 바다가 아니라 '하늘 위에 배를 띄운다'는 역발상으로 건물 위에 수영장을 만들었습니다. 60년 동안 50개가 넘는 사업을 개척한 샌즈 그룹의 셸던 아델슨Sheldon Adelson 회장. 그는 CNN과의 인터뷰에서 성공의 기반을 묻는 질문에 이렇게 대답합니다.

"아무도 믿지 않고, 누구도 시도하지 않는 역발상을 하면 1,000%의 성공을 확신한다.

현상에 도전하여 현상을 바꿔라.

현상을 바꿀 수만 있다면 성공은 그림자처럼 따라오는 것이다."

아델슨 회장은 '현상 유지를 깨뜨린다Change the status quo'는 원칙을 지켰다고 해요. 어떤 분야에서든 한 방식으로만 시도해서는 성공할 수 없다고 말합니다. 그는 이런 비즈니스 원칙을 바탕으로 가난한 이민자의 아들에서 세계에서 여섯 번째 부자가 될 수 있었다고 해요.

주변을 살펴보세요. 물건들이 보이죠. 거꾸로 뒤집는 상상을 해 보세요. 안에 있는 것을 밖으로 꺼낸다고 상상해 보세요. 기존과는 반대 관점으로 생각하면 예상치 못한 아이디어가 툭 튀어나올지도 모르겠습니다.

도서관에서 우연히 집어 든 책이 있습니다. 류진한 교수의 『로꾸거』예요. '로꾸거'가 무슨 뜻인지 감이 오죠? 단어를 거꾸로 뒤집으니 새로운 반전이 생겨요. 그중에 몇 가지를 소개합니다.

내힘들다 → 다들힘내

세상에는 두 가지 친구가 있다.

"내힘들다!" 하면서 우리를 힘들게 하는 친구

"다들힘내!" 하면서 우리를 힘나게 하는 친구

당신은 부디

"다들힘내!" 하는 친구가 되기를….

수고 → 고수

윤동주, 박찬호, 김연아, 류현진,

박찬욱, 백남준, 조수미, 조용필, 유재석….

이 세상에 수고하지 않고

'고수'가 된 사람은 한 사람도 없다.

역경 → 경력

막막한가? 지쳤는가? 외로운가? 배고픈가? 두려운가?

언젠가는, 지금의 '역경'이 '경력'이 될 것이다.

여러분은 기분이 우울할 때 무엇을 하나요? 누군가 툭 던진 한마디에 하루 종일 기분이 저조할 때가 있어요. 웬만해서는 기분이 나아지지 않을 때 어떤 방법을 쓰나요?

저는 유튜브에 올라온 웃긴 영상을 검색하기도 하고, 아무 생각 없이 웃을 수 있는 예능을 보기도 하는데요. 그런 날 우연히 본 프로그램이 있어요. tvN 〈뿅뿅 지구오락실2〉인데, 마치 저 세상 텐션을 가진 듯한 여성 출연자 4명이 등장합니다. 맏언니인 코미디언

이은지, 가수 미미, 이영지, 안유진이 시종일관 시끄럽게 떠들어요. 유머 코드가 맞지 않으면 오히려 스트레스가 올라갈지도 몰라요. 아무튼 〈뿅뿅 지구오락실2〉에는 독특한 세계관이 나오는데, PD와 작가들은 그것을 지구오락실 멀티버스라고 표현합니다. 지구용사 4인방이 외국으로 떠나는 사연은 이렇습니다.

달나라에 토끼가 사는데 이름은 토롱이에요. 옥황상제가 운영하는 '우주떡집'에서 아르바이트를 하는데, 과중한 업무와 야근 때문에 지구로 도망옵니다. 옥황상제는 토롱이를 지명수배하고, 지구용사 4인방은 현상금을 노리고 토롱이와 추격전을 벌이는 이야기입니다. 시즌2에서는 토롱이가 핀란드로 도망갔다고 하니, 지구용사들도 핀란드로 떠납니다. 그냥 출연자들이 외국 가서 그 나라의 음식을 걸고 게임하고, 재미있게 놀다 오는 프로그램이에요.

제가 유심히 본 장면은 나영석 PD 군단이 만든 세계관이에요. 핀란드는 겨울왕국이니 왕족이 되어야만 핀란드로 갈 수 있다는 참 근본 없는 조건을 내겁니다. 거기다가 한국은 무슨 왕국이냐고 묻는 부분이 하이라이트입니다.

"한국은 무슨 왕국일까요?"라는 질문에 어떤 대답이 나올까요? 정답은 드라마 왕국이랍니다. 그래서 드라마 속 왕족으로 변신해야만 멀티버스를 통과할 수 있다네요. 그럼 왕족이 나오는 한국 드라마는 어떤 것이 있을까요? 일반적으로 사극을 떠올릴 텐데요. 틀을 깨고 직선이 아닌 곡선으로 생각해 보세요. 그렇게 해서 나온 드라마가 〈커피 프린스 1호점〉, 〈SKY 캐슬〉, 〈꽃보다 남자〉, 〈도깨비〉입니다. 이 드라마와 왕국이 어떤 연관성이 있는지는 각자 생각해 보기로 해요. 이렇게 틀을 깬다는 건 기준을 넘어선다는 것입니다. 생각에 기준 따위가 뭐가 중요한가요? 결국 근본 없는 헛소리에서 대박 콘텐츠가 탄생하기도 합니다.

요즘 너무나 핫한 생성형 인공지능, 챗GPT에 "한국은 무슨 왕국인가요?"라고 물어보니 "한국은 현재 왕국이 아니라 대한민국이라는 공화국입니다."라는 융통성 없는 답변을 들려주네요. 우리가 인공지능과 똑같이 생각한다면 틀을 깨는 아이디어는 나오기 힘들 겁니다.

문제해결력은 뚝딱 만들어지는 게 아닙니다. 선생님의 강의를 베끼다시피 필기만 잘 한다고 되는 것도 아니고요. 책상 앞에 앉아 있는 엉덩이 힘으로 생기는 것도 아닙니다. 그래서 더 어려워요. 인내와 노력으로 된다면 열심히 해 보겠는데, 단순히 노력한다고 되는 게 아니니까요.

단어를 거꾸로 하니 새로운 반전이 생기듯이, 사물을 다른 각도로 볼 필요가 있습니다. 늘 하던 대로, 다른 사람 의견에 동조해서 변화를 꾀하지 않으면 반전은 없습니다.

불가능을 뜻하는 'Impossible'에 점 하나만 찍으면 어떻게 될까요? 'I'm possible'. 남들이 안 된다고 할 때 점 하나 찍으면 이렇게 달라지네요. 새로운 생각은 점 하나에서 시작합니다.

일이 안 풀린다고 죄 없는 책상을 내려치고, 주변 사람에게 짜증을 내고 있지는 않나요? 그럼 순서를 바꿔 보거나 점 하나 찍어 보면 어떨까요?

다음은 최인철 저자의 『프레임』에서 가져온 내용입니다. 이 글을 읽고 어떤 상황인지 생각해 보세요.

아버지와 아들이 야구 경기를 보러 가기 위해 집을 나섰다. 그런데 아버지가 운전하던 차의 시동이 기차 선로 위에서 갑자기 꺼졌다. 달려오는 기차를 보며 아버지는 시동을 걸려고 황급히 자동차 키를 돌렸지만 소용이 없었고, 결국 기차는 차를 그대로 들이받고 말았다. 아버지는 그 자리에서 죽었고 아들은 크게 다쳐 응급실로 옮겨졌다. 수술을 하기 위해 급히 달려온 외과 의사가 차트를 보더니 "난 이 응급환자를 수술할 수 없어. 애는 내 아들이야!"라며 절규하는 것이 아닌가!

자, 어떤 상황인가요? 바로 머릿속에 해답이 나오나요? 젠더 고정관념에서 자유로운 친구들이라면 바로 이 외과 의사는 이 아들의 '엄마'라는 사실을 깨달았을 것입니다. 하지만 '외과 의사=남자'라는 틀에 갇혀 있었다면 문제를 푸는 데 시간이 걸렸을 수도 있습니다.

꿈을 찾는 10대를 위한 진로 노트

★ 작은 실천을 위한 꿈의 기록

1. 반전을 도모할 수 있는 키워드, 역발상 단어가 있나요?

----

2. 주변의 사물을 거꾸로 본다거나, 방향을 바꿔 보면 어떤가요?

----

3. 자주 쓰는 말에서 획을 더하거나 빼 보세요.

----

4. 단어를 거꾸로 하니까 어떤가요?

5. 여러분이 시도한 역발상의 노력을 적어 볼까요?

★ 함께하면 좋은 영상

스티브 잡스 육성 애플 광고(Think Different, 1997)
https://www.youtube.com/watch?v=1bhG7syXbCg

[#슈룹] 조선의 뇌섹남을 가리는 국왕의 도형 문제
https://www.youtube.com/watch?v=5INEETIkdZE

경험이라는
복리의 마법

　오랫동안 과일 중에서 매출 1위를 차지하던 것은 사과였습니다. 하지만 이제 1위 자리는 딸기가 차지했습니다. 그 이유가 뭘까요? 1년 내내 즐길 수 있는 사과 대신 겨울과 봄철 시즌 과일인 딸기가 어떻게 과일의 왕좌를 차지했을까요? 이마트는 그 이유를 1·2인 가구 증가와 함께 '귀차니즘'으로 꼽았다고 합니다. 사과는 껍질을 칼로 깎아야 하고, 귤은 손으로 벗겨야 하죠. 딸기와 포도는 물로 씻어 입속으로 넣으면 그만입니다.

　과일의 왕좌를 바꾸어 버린 '귀차니즘'은 만사가 귀찮아서 게으름 피우는 현상이 습관화된 상태를 말하고, 그런 사람을 '귀차니스트'라고 합니다. 옛날에는 '게으름뱅이'라고 했었죠. '의욕 없음'과도 일맥상통합니다.

수업 시간에 무언가를 오려서 붙이는 활동을 한 적이 있어요. 종이를 오리고 붙이면서 친구들과 이야기도 하고, 손도 움직이고, 잠도 깨우려는 목적이었는데요. 그 수업은 한마디로 실패였습니다. 스마트폰으로 터치 몇 번만 하면 원하는 정보가 나오는데, 왜 굳이 생각하고, 고민하고, 오리고 붙여야 하는지 학생들이 받아들이기 힘들어했죠.

가위와 풀을 나누어 줬는데, 아무것도 안 하고 가만히 앉아 있는 학생이 있었어요. 물어보니 귀찮다는 답변이 돌아왔습니다. 손에 풀 묻으면 화장실 가서 또 손 씻어야 한다구요. 몇 번을 설득했지만 결국 그 학생은 아무것도 하지 않았습니다. 화가 난 저는 쉬는 시간에 따로 불러 이야기를 했지만 별 효과는 없었어요.

그때 저는 귀차니즘이 얼마나 무서운 것인지 알게 되었습니다. 무언가 너무 열심히 해서 하루쯤은 좀 쉬고 싶은 몸과 마음의 상태를 귀차니즘이라고 하지는 않습니다. 그건 자신에게 주는 휴식이죠. 휴식은 당연히 필요하고, 휴식을 통해서 새로운 도약을 할 수 있습니다. 귀차니즘은 그런 상태가 아닙니다. 경험 자체를 거부하는 상태입니다. 정답을 오려서 제자리에 붙이는 경험, 모르면 친구에게 물어보며 함께하는 경험, 손에 풀이 묻으면 물티슈를 활용하거나 물로 씻는 경험, 잘했다고 선생님께 칭찬받을 경험도 거부하는 것이죠. 또한 가성비가 떨어지는 수업이었다면 "선생님, 다음에는 이렇게 해 보면 어떨까요?"라고 자신의 의견을 낼 수 있는 경험

전부를 거부하는 것입니다.

사실 이 글을 읽고 있는 학생이라면 당연히 귀차니스트는 아닐 거예요. 귀차니스트가 자기계발서를 읽지는 않을 테니까요. 하지만 새로운 경험을 힘겨워하는 학생일 수는 있습니다. 늘 하던 대로 선생님 말씀에 귀 기울이고, 필기하고 외우는 건 괜찮지만, 프로젝트 학습에서 자기 의견을 내고, 발표하는 건 죽기보다 싫은 그런 학생도 있을 거예요. 조금만 환경이 바뀌어도 예민해져서 불안한 학생도 있을 겁니다.

이런 학생들은 조금만 생각을 바꾸고 경험을 받아들일 마음속 공간을 비워 놓으면 어떨까요? 새로운 경험들이 쌓여서 우리의 미래에 어떤 선물을 안겨다 줄지도 모르잖아요.

진로를 찾는 방법은 다양한 경험을 해 보는 것

아는 만큼 보인다고 했습니다. 경험하고 알아야만 더 많은 곳에 관심을 가질 수 있어요. 이 일이 나와 맞는지 체험하지 않고서는 모르는 것처럼 말이죠. "머릿속 가상공간에서 시뮬레이션 해 보면 되잖아요."라고 하겠지만 상상력도 아는 범위에서 나오는 겁니다. 경험의 크기만큼 상상력도 커지는 거죠. 경험의 크기는 간장 종지인데 피자를 담을 수는 없잖아요.

음식의 맛은 먹어봐야 알 수 있습니다. 셰프가 소스를 살짝 맛보고 음식에 넣는 이유도 마찬가지겠지요. 짠맛과 단맛이 어느 정도 인지 알아야 간을 맞출 수 있습니다. 음식을 맛보지 않으면 무슨 맛인지 모르는 것처럼, 경험도 마찬가지입니다.

2022년에 전성기를 맞은 배우가 있습니다. 〈범죄도시2〉에서는 빌런 강해상으로, 드라마 〈나의 해방일지〉에서는 구씨 역을 맡아 연달아 흥행에 성공했지요. '구찌 말고 구씨', '추앙하고 싶은 배우'라는 별명을 가진 손석구가 〈유퀴즈〉에 출연했습니다. 인터뷰 내용 중 그의 경험이 무척 인상적이었습니다. 본격적인 연기 활동 이전에 여러 가지 경험을 했다고 합니다. 자신이 원하는 걸 찾기 위해 이런저런 시도를 했고, 시행착오가 많았대요. 시카고 예술대학에서 미술과 영화를 공부하다가 군대를 갔고, 자이툰 부대에 지원하여 이라크 파병을 가게 됩니다. 어차피 군대는 가야 하는데, 기왕 가는 김에 새로운 경험을 할 수 있는 이라크 파병이 좋겠다 싶어 신청했다고 합니다. 남들은 군대 생활을 힘들어하는데, 손석구는 복잡하게 계산할 필요 없이 열심히만 하면 인정해 주는 집단이어서 좋았다고 합니다. 그래서 군대 시절이 인생에서 가장 행복했었다고 하네요. 군인들과 같이 운동하고 농구하는 게 재미있어서 전역 후 스물여섯 살에 농구 선수의 꿈을 꾸었습니다. 지금 생각하면 도망가기 위한 명분이었지만요. 아침 6시에 일어나 밥 먹고 운동하고 나면 2, 3시에 일정이 끝나는데, 너무 심심하고 할 일이 없어서 연기 학원을 갔다고 합니다. 남는 시간에 뭐라도 해야겠다 싶어서요. 그랬다가 공연을 처음 해 봤는데 적성에 맞았고, 여기까지 오게 된 것이죠. 중간에 기계 판매 일을 잠깐 했었는데 기계는 한 대도 못 팔았지만 배우 생활에는 도움이 되었다고 합니다.

대세 배우가 된 손석구의 나이는 마흔 정도. 10대 시절부터 연기자를 꿈꾸던 것이 아니라 돌고 돌아 연기자가 되었습니다. 오히려 스무살 때는 연기를 시키면 눈물이 날 만큼 싫었는데 나이가 들수록 재미가 생겼대요. 현장에서는 손석구를 연구원이라고 부른다고 합니다. 워낙 시나리오 연구를 많이 해서요. 〈범죄도시2〉의 강해상 캐릭터를 분석하고 큰 종이에 그림까지 그려 영화감독과 의논할 정도로 열정이 넘치더라고요.

"노력이 결과와 비례하기는 어렵다. 비례하기까지 오래 걸렸다." 라는 그의 말에서 지금의 인기가 단지 운이 아니었음을 알 수 있습니다.

경험은 누가 대신해 줄 수 없습니다. 새치기해서 얻을 수도 없고 돈으로 살 수도 없지요. 자신의 몫입니다.

다양한 경험을 하다 보면 진로 고민도 해결됩니다. 진로는 책상 앞에 앉아서 머리 싸매고 고민한다고 휘리릭 결정될 수 있는 것이 아닙니다. 자신과 세상을 끊임없이 알아가는 과정이 진로입니다.

내가 좋아하는 일인지, 싫어하는 일인지 어떻게 알 수 있을까요? 경험해 봐야 알 수 있습니다. 직접 경험뿐만 아니라 간접 경험도 포함됩니다. 책이나 영상, 강의, 공연 등을 통해서도 충분히 체험하고 배울 수 있습니다.

학교에서 다양한 경험 쌓기

학교는 생각보다 다양한 경험의 제공처입니다. 특정 과목만 배우는 학원과는 다릅니다. 학원은 내가 부족한 부분을 채우기 위해 또는 심화학습이나 선행을 하기 위해 가는 곳이지만 학교는 좀 다릅니다. 학교생활을 메모하거나 꼼꼼히 관찰해 보세요. 다양한 종류의 선생님과 친구가 있고, 보고 들을 거리가 많습니다. 나의 분야가 아닌 곳에도 관심을 가진다면 꽤 흥미로운 경험을 많이 하게 될 겁니다. 학교에서 펼쳐지는 각종 이벤트를 모아 보면 이런 것들이 있습니다.

- 방과후 학교
- 봉사 도우미, 또래 도우미, 과목별 도우미
- 영어캠프, 과학캠프, 진로캠프 등 각종 캠프
- 부서별 행사
- 작가 초대전
- 명사 초청 강의

10대에게 학교는 일상의 대부분 시간을 보내는 곳입니다. 학교에서 귀찮다고 아무것도 하지 않으면 제대로 된 경험을 할 수가 없답니다. 봉사활동으로 급식 도우미를 한다고 가정해 봅시다. 단지 점수를 따기 위한 도우미가 아니라 내가 주어진 일을 얼마나 잘할 수 있는지 스스로 점검하는 시간을 가질 수 있어요. 수행평가 팀 프로젝트에 적극적으로 활동하여 잠재력을 끌어낼 수도 있습니다. 누군가 해 주겠지 하며 뒷짐을 지고 있으면 안 됩니다. 발표를 준비하기가 귀찮고 시간도 많이 뺏기지만 시간이 지나면 문제집 몇 장더 푼 것과는 비교가 안 될 거예요. 친구가 던지는 우연한 말에서 정보를 얻을 수도 있고요. 무심코 던진 선생님의 칭찬에 설레기도 합니다. 경험의 중요성을 이야기하다 갑자기 학교생활 잘하라는 말로 들리네요. 네 맞습니다. 학교생활에서 가장 많은 경험을 할 수 있기 때문입니다.

복리의 마법이라는 말을 들어본 적 있나요? 원금이 일정 기간이 지난 뒤 이자가 붙고 여기에 다시 이자가 붙는 식으로 금액이 불어납니다. 시간이 지나면 기하급수적으로 금액이 증가하죠. 상대성 이론으로 유명한 아인슈타인은 "인간의 가장 위대한 발명 중 하나는 복리다. 세상의 여덟 번째 불가사의다."라는 말로 복리를 설명했습니다.

저는 경험도 복리의 마법을 부린다고 생각해요. 경험의 이자가 쌓여 시간이 지나면 예상하지도 못한 결과를 만들어요. 다양한 경험으로 세상을 보면 남들과는 다른 시선으로 세상을 바라보게 됩니다. 그 새로운 시각이 문제 해결 능력을 키워줄 거예요. 경험의 가치는 단순 덧셈식으로 불어나는 것이 아니라 곱하기로 늘어날 겁니다. 2+2+2+2+2=10이 아니라 $2 \times 2 \times 2 \times 2 \times 2 = 32$가 되는 거예요.

그렇다면 학생 신분으로서는 어떻게 다양한 경험을 쌓을 수 있을까요? 시간은 한정적이고 할 일은 많은 대한민국 10대인데 말이죠. 진로와 관련한 최적의 경험을 할 수 있는 방법을 소개하겠습니다.

1. 다양한 진로 체험 하기

개인적으로 체험하기가 힘들다면 학교 행사를 활용하세요. 300명이 같은 체험을 했어도 어떻게 받아들이느냐는 개인마다 다릅니다. 체험학습을 킬링타임, 수업 안 하는 시간 등으로 여기지 말고 무엇이라도 얻어 보자는 마음으로 접근해 보세요. 참고로 진로 체험의 유형에는 이런 것들이 있습니다.

① **현장 직업 체험**: 관공서, 회사, 병원, 가게, 시장과 같은 직업 일터에서 직업 관련 업무를 직접 수행하고 체험하는 활동.

② **직업 실무 체험**: 직업 체험을 할 수 있는 모의 일터에서 현장 직업인과 인터뷰를 하거나 관련 업무를 직접 체험하는 활동.

③ **현장 견학**: 일터, 직업 관련 홍보관, 기업체 등을 방문해 생산 공정, 산업 분야의 흐름과 전망을 개괄적으로 견학하는 활동.

④ **강연 및 대화**: 기업 CEO, 전문가, 작가 등 여러 분야 직업인들의 강연이나 대화 자리에 참석해 다양한 직업 세계를 탐색하는 활동.

⑤ **학과 체험**: 특성화고, 대학교를 방문해 실습, 견학, 강의 등을 통해 특정 학과와 관련된 직업 분야의 기초적인 지식이나 기술을 학습하는 활동. 직업계고는 일반고와 달리 전공 학과가 있습니다. 고등학교 입시를 앞둔 중3이라면 각 고등학교가 주관하는 진로 체험에 참가해 보길 바랍니다. 진로 체험에 참가한다고 그 학교에 입학해야 하는 것은 아니에요. 학과 체험을 미리 해 보면 마음을 결정하기가 수월해집니다.

대학교 학과 체험은 크게 2가지가 있습니다. 첫째는 캠퍼스 투어입니다. 대부분 학교 단위로 신청을 받고 학과를 일일이 체험하지는 않습니다. 대학교의 학생 홍보대사가 나와 학교 안내도 해 주고, 질문에 대한 답변도 해 줍니다. 대학교의 전반적인 분위기를 익히고, 학습의 동기부여를 위한 목적입니다. 둘째는 대학교 학과 체험입니다. 학교를 통해 학과 체험에 대한 공고를 하고, 관심 학과를 신청받습니다. 인원이 한정되어 있기 때문에 경쟁이 치열할 수도 있습니다. 내가 가고자 하는 대학이 아니더라도 관심 있는 학과가 있다면 체험해 보는 것이 경험을 쌓는 방법입니다.

⑥ **진로 캠프**: 특정 장소에서 진로 심리 검사, 직업 체험, 상담 등 종합적인 진로교육 프로그램을 경험하는 활동으로, 학교에서 이루어지는 것이 대부분입니다. 학기 초에는 진로 심리 검사, 진로 상담 등이 이루어집니다. 기말고사가 끝난 학기 말에는 학습 분위기 형성이 어렵기 때문에 진로 탐색 기간을 따로 정해서 각종 진로 체험 활동을 진행합니다. 캠프의 주제도 기업가정신, 창업, 리더십, 자존감 향상, 제4차 산업혁명, 동기부여, 자기주도학습, 공연 등 매우 다양합니다.

2. 진로 정보 검색하기

인터넷은 정보의 바다입니다. 각종 진로 정보가 떠다닙니다. 여러분은 원하는 정보를 찾아 내 것으로 챙기면 됩니다. 구슬이 서 말이라도 꿰어야 보배라고 하듯 아무리 인터넷에 정보가 많다고 하더라도 내가 그 정보들을 제대로 찾고 활용하지 못한다면 아무 쓸모가 없겠죠. 여기저기 정보를 찾아다니다 보면 아는 것이 힘이라는 걸 알게 됩니다.

3. 독서, 유튜브 영상, 영화 등 활용하기

직접 경험뿐만 아니라 간접 경험도 중요합니다. 관련 도서를 천천히 읽고 내용을 정리하면서 생각의 폭을 넓힐 수 있습니다. 유튜브는 조심스럽게 접근하는 게 좋습니다. 처음에는 정보 탐색을 목적으로 클릭했다가 유튜브의 블랙홀에 빠질 수도 있으니까요. 따라서 필요한 영상 목록을 미리 정리해 두고 공부가 힘들 때, 의욕이 없을 때 시청하면 좋습니다. 영상이나 책을 보는 것으로 끝나면 정보는 모두 사라집니다. 중요한 내용은 꼭 메모해 두기 바랍니다.

★작은 실천을 위한 꿈의 기록

1. 아래의 경험들을 떠올려 보고 각각 답해 보세요.

① 과목별 수행평가에 호기심을 가지고 참여했던 경험

----

② 수업 시간에 배운 내용이 흥미로워 개인적으로 인터넷을 검색해 본 경험

----

③ 수업 시간, 동아리 시간에 생긴 궁금증으로 독서를 한 경험

----

2. 과거의 경험뿐만 아니라 미래에 하고 싶은 경험도 있습니다. 버킷리스트를 작성해 보세요.

	버킷리스트	나이	실천하기 위한 노력
①			
②			
③			
④			
⑤			

★ 함께하면 좋은 영상

[#갓구운클립] 손석구 씨, 지금 몇 시예요? 섹시⋯ 걸어온 길마저 추앙하고픈 손석구 자기님의 인생 연구일지: <유퀴즈온더블럭>
https://www.youtube.com/watch?v=nQd_89d9s_Y

김경일 인지심리학자 #09: 반복적인 일상을 벗어나라! 다양한 경험이 미래를 바꾼다: <어쩌다 어른> #사피엔스
https://www.youtube.com/watch?v=9FoS-z3vlDI

165

21세기 인재에게
요구하는 능력

제4차 산업혁명, 인공지능 시대를 맞아 대부분의 대학들이 융합형 인재를 강조합니다. 대학 총장들의 2022학년도 입학식 축사를 한번 볼까요?

제4차 산업혁명 시대는 하이브리드형 인재를 필요로 합니다. 다양한 영역을 넘나들며 다양한 관점에서 입체적으로 사고하여 복합적인 문제를 해결할 수 있는 창의적인 인재가 되어야 합니다.
  −연세대학교

경계를 넘길 바랍니다. 우리 대학은 학생들이 전공의 경계를 넘어서 새로운 사고를 할 수 있도록 돕기 위해 융합 주제 강좌를 늘려가고 있습니다.

-서울대학교

우리 대학은 이제, 인문지식이 제공하는 문제의식과 자연과학과 공학지식이 제공하는 문제해결력을 적절히 결합하는 융합 교육으로 또다시 변신하고 있습니다.

-성균관대학교

앞으로 융합형 인재를 요구한다고 하는데, 융합이라는 말부터 어렵게 다가옵니다. 도대체 융합은 무슨 의미일까요? 영화 한 편으로 융합에 가깝게 다가가 보겠습니다.

영화 〈극한직업〉을 보면 1분이 멀다 하고 웃음을 터트려 줍니다. 마약반 경찰이 잠복근무를 위해 범죄조직의 아지트 맞은편 치킨집을 인수해 수사본부로 삼습니다. 평소에는 구경도 못 하던 손님이 찾아오자 완벽한 위장을 위해 치킨을 팔기로 합니다. 후라이드만 생각했다가 손님이 양념치킨을 달라고 하자 다들 머리에 지진이 일어납니다. 그때 마형사가 기지를 발휘하지요. 갈빗집을 운영하는 부모님의 레시피로 즉석에서 갈비양념치킨을 만들어냅니다. 브라운 계열의 양념소스가 의아했던 손님은 먹자마자 '존맛'이라며, 맛집이라고 극찬을 합니다. 손님에게 "양념치킨은 안 파니 후라이

드만 드세요."라고 했다면 갈비양념치킨은 나올 수 없었겠지요. 내가 잘하는 것을 다른 영역과 연결 지어 보는 것, 그것이 '융합'입니다. 융합의 힘은 가히 폭발적입니다. 융합으로 문제 해결의 실마리를 찾아보는 것은 어떨까요?

'포켓몬 고'의 탄생에 숨은 융합의 힘

타지리 사토시田尻智는 어려서부터 유달리 곤충을 좋아했습니다. 또래와 노는 대신 혼자 곤충 잡는 일에 몰두하였죠. 채집과 관찰에만 그치지 않고 곤충도감과 대조해 가며 곤충에 관한 지식을 쌓았습니다. 친구들은 그를 '곤충박사'라고 불렀답니다.

곤충을 좋아하던 그에게 도시화는 큰 시련이었습니다. 더 이상 곤충을 만나기가 힘들어졌지요. 졸지에 취미생활을 잃게 되자 다른 곳으로 눈을 돌립니다. 우연히 전자오락실에 간 후 그의 인생은 달라졌습니다. 곤충에 빠졌던 열정을 게임에 쏟아붓습니다. 동네에서 모르는 사람이 없을 정도로 게임광이었다고 해요. 열일곱 살에는 『게임 프리크』라는 잡지를 창간하기도 했습니다. 곤충박사가 게임 덕후가 되어 만든 게임은 무엇일까요? 바로 '포켓몬스터'입니다. 게임은 출시되자마자 화제가 되었고, 제작과 배급을 맡은 닌텐도는 애니메이션까지 제작합니다. 나아가 2016년 파격적인 게임으로 다시 태어났는데요. 미국의 게임회사 나이언틱이 '포켓몬고

Pokémon GO'를 출시합니다. 스마트폰 앱을 실행해 길을 다니다가 만화 캐릭터들이 실제 거리나 공중에 떠 있는 것처럼 나타나면 포켓볼을 던져 포획하는 게임으로, 출시 당시 큰 신드롬을 일으켰지요. 지금은 시들해졌지만 포켓몬 캐릭터와 증강현실을 결합해 새로운 패러다임의 게임을 만들었다는 사실에 큰 점수를 주어야겠습니다.

곤충 덕후인 타지리 사토시가 곤충 연구에만 몰두했다면 포켓몬스터는 탄생하지 않았을지도 모릅니다. 곤충과 게임이라는 경계를 뛰어넘어 서로 융합했기 때문에 사람들이 열광하는 캐릭터가 탄생하지 않았을까요?

내가 좋아하는 것을 덕질하다 보면 다른 영역의 많은 것과 연결할 수 있습니다. 덕질은 나도 모르게 관련 지식을 탐색하도록 이끌기 때문입니다. 일부러 노트에 적고 외우는 것도 아닌데 저절로 외워지고, 호기심의 불꽃이 튀는 것이 덕질입니다. 내가 좋아하는 것과 다른 분야를 연결하면 환상의 컬래버레이션이 탄생할 수 있습니다.

융합이라는 환상의 컬래버는 역주행을 일으킵니다. 고속도로에서 역주행하면 대형사고로 이어지죠. 하지만 가요계의 역주행은 좀 다릅니다. 음악업계에서 역주행은 음반 발매 당시에는 주목받지 못하다가 어느 순간 인기가 급상승하여 차트를 휩쓰는 노래를 뜻하는데요. 가장 많이 알려진건 EXID의 〈위아래〉, 브레이브 걸스의 〈롤린〉입니다.

과학 용어가 가요 속에 들어와 역주행한 노래가 있습니다. 과학과 노래의 융합이라고 해야 하나요? 윤하의 〈사건의 지평선〉입니다. 영어로는 'Event horizon'. 블랙홀의 경계면이자 어느 영역 바깥쪽의 관찰자와 상호작용할 수 없는 '시공간의 경계면'을 뜻하는데요. '사건의 지평선' 안으로 진입하면, 그 내부의 일은 아무도 알 수가 없답니다. 연인과 헤어진 감정을 과학 용어와 융합하여 명곡으로 승화시키다니. 가수 윤하야말로 우주만 한 가요계에서 반짝반짝 빛나는 별이 아닐까 싶습니다. 유튜버 채널에서 밝히길 '사건의 지평선'이라는 키워드에 감명받아서 이 곡을 만들었다고 합니다. 윤하의 노래 중에는 〈사건의 지평선〉 말고도 〈혜성〉, 〈별의 조각〉, 〈블랙홀〉 등 우주와 관련된 노래 제목이 많습니다. 본인이 좋아하는 일에 몰두하다 보면 언젠가는 윤하처럼 그 가치를 재조명받는 날이 옵니다.

노래 하나에 꽂히면 듣는 순간 감동은 기본이고, 가수도 궁금해지고, 가사의 뜻도 해석해 보게 됩니다. 숨은 의미와 배경 지식을 탐구하다 보면 지식의 새로운 세상이 펼쳐지지요. 노래가 궁금해서 누가 시키지 않아도 관련 지식을 찾는 과정이야말로 공부의 본질이 아닐까요? 융합은 원래 있던 것에서 내가 좋아하는 것을 살짝 첨가하면 됩니다. 윤하가 이별 가사에 과학 용어를 가지고 온 것처럼 말이죠.

★ 작은 실천을 위한 꿈의 기록

1. 2개 이상의 관심 분야를 조합하면 어떤 것이 나올까요?

예) 빵 + 떡 = 떡식빵

갈비양념 + 치킨 = 수원왕갈비통닭

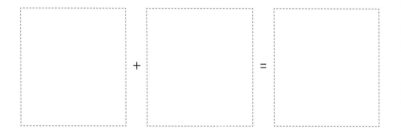

2. '잡학의 관점으로 세상을 보는 것이 우리의 일상에 도움이 될까?'라는 질문에 작가 김영하는 "평생을 고등학생처럼 살 필요가 있다."라고 했습니다. 다양한 분야를 공부하는 고등학생처럼 선을 넘는 독서가 필요하다는 뜻입니다. 자기가 배운 전문적인 지식만으로는 인생에 닥쳐오는 수많은 일을 처리하기가 어렵기 때문입니다.

자신의 진로와 관련한 책으로 전공 분야에 대한 깊이 있는 지식을 탐구하는 것도 좋지만, 다른 분야의 책을 읽으며 융합해서 세상 보는 시각을 넓히는 것도 좋습니다. 철학자 스피노자가 "나는 깊게 파기 위해서, 넓게 파기 시작했다."라고 했듯이 선을 넘는 독서로 생각의 공간을 확장하기 바랍니다.

171

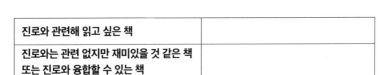

진로와 관련해 읽고 싶은 책	
진로와는 관련 없지만 재미있을 것 같은 책 또는 진로와 융합할 수 있는 책	

★ 함께하면 좋은 영상

서로 다른 것을 융합해 새로움을 만드는 한국인[핫클립] / YTN 사이언스
https://www.youtube.com/watch?v=QruzVim-mGI

[#알쓸인잡]인생을 사는 데 쓸데없는 잡학이 필요한 이유!
https://www.youtube.com/watch?v=uJ-HIeKzUAw&t=441s

'우연'이
진로를 결정한다

　뜻밖의 사실을 알려 준 실수, 순간적으로 번쩍 떠오른 아이디어, 행운을 부른 실패 등에는 한 가지 공통점이 있습니다. '세렌디피티의 법칙'입니다. 영어에서 '세렌디피티^{Serendipity}'는 뜻밖의 기쁨이나 우연한 발견을 뜻하는데, 18세기 영국 작가 호레이스 월폴^{Horace Walpole}이 처음 사용한 말입니다.

　'세렌디피티'의 어원은 『세렌디프의 세 왕자』라는 제목의 페르시아 우화에서 찾아볼 수 있습니다. 세렌디프(지금의 스리랑카)의 왕자들이 길을 떠나 세상 공부를 한다는 내용인데, 이 우화에서 세 왕자는 우연히 얻은 작은 실마리로 새로운 사실을 알아냅니다.

　특히 과학적 발견에서 세렌디피티가 참 많은데요. 그렇다고 전적으로 우연이었을까요? 프랑스 화학자 루이 파스퇴르^{Louis Pasteur}

가 '우연은 준비된 자에게만 미소 짓는다'라고 말했듯이, 실제로 과학적 발견은 우연만으로는 완성되지 않지요. 뜻밖의 우연이 찾아왔을 때 그것을 알아볼 만큼 평소 충분히 준비되어 있어야 합니다.

우연한 발견, 세렌디피티가 과학계에 많은 이유

노벨상 수상자들 중에는 세렌디피티의 주인공이 많습니다. 그런데 이들 노벨상 수상자들 이전에 이 상을 만든 장본인, 알프레드 노벨Alfred Bernhard Nobel이야말로 우연한 발견의 대가였습니다.

그는 '변덕쟁이 폭약'이라 불릴 만큼 다양한 충격에 민감한 물질, 니트로글리세린을 안정시킬 방법을 찾고 있었습니다. 수많은 시행착오 끝에 얻어낸 답은 바로 규조토였지요. 끊임없는 노력을 기울인 그에게 마침내 행운이 찾아옵니다. 하루는 니트로글리세린을 담아 둔 금속용기에 구멍이 뚫렸는지, 용기 표면을 감싸고 있던 규조토로 만든 충전재에 니트로글리세린이 스며들고 말았습니다. 그런데 자세히 살펴보니 민감하기 짝이 없던 액체폭탄이 얌전히 굳어 있는 것입니다. 노벨은 실수라 할 수 있는 이 변화를 그냥 지나치지 않고 오히려 절호의 기회로 삼아 결국 다이너마이트를 제조하였습니다.

행운을 발견한 재주꾼은 또 있습니다. 영국의 세균학자 알렉산더 플레밍Alexander Fleming입니다. 항생제 페니실린은 우연한 방식으로 인류에게 찾아온 것으로 유명하지요. 플레밍은 포도상구균을 기르던 접시를 배양기 밖에 둔 채로 여름 휴가를 가면서 페니실린의 단초인 '푸른곰팡이'를 발견했습니다. 그는 접시의 가장자리 부분에는 포도상구균이 남아 있는 반면, 푸른곰팡이 주변에는 균이 없다는 점에 주목했습니다. 그날 접시를 잘 관리했더라면 푸른곰팡이라는 로또는 당첨되지 않았겠지요.

찍찍이, 즉 정확한 명칭인 벨크로^{Velcro} 테이프는 옷, 장갑, 운동화, 모자 등에서 단추나 끈을 대신해 여미는 데 널리 사용됩니다. 이 벨크로 테이프는 스위스의 전기기술자 조르주 드 메스트랄^{George de Mestral}이 발명했는데, 그 일화가 세렌디피티의 법칙을 잘 보여 줍니다.

발명가이기도 했던 그는 개와 함께 사냥을 가면서 풀숲을 돌아다녔습니다. 한참 다니다 보니 바지와 개의 털에 씨앗들이 많이 달라붙어 있었지요. 연구실로 가져와 현미경으로 관찰했고, 그 결과 놀라운 사실을 발견하게 됩니다. 가시마다 작고 단단한 갈고리가 달려 있었기 때문이지요. 씨앗이 달라붙으면 잘 떨어지지 않는 이유가 드디어 밝혀진 것입니다. 그는 갈고리의 원리를 활용해 무언가를 만들어 봐야겠다는 생각이 들었고 그것이 바로 잠금장치였습니다. 옷에 풀씨가 달라붙는 것은 누구에게나 흔히 일어나는 일이지만, 그의 관찰력과 호기심 덕분에 획기적인 발명품이 탄생한 것입니다.

살면서 만나는 무수한 '우연'을 대하는 태도

행운이 오기를 간절히 바라지만 정작 행운이 찾아왔을 때는 알아차리지 못하는 사람들이 많습니다. 큰 성공을 이룬 사람에게 칭찬을 하면 "뭘요. 단지 제가 운이 좀 좋았을 뿐입니다."라고 겸손의 말을 하지요. 정말 성공하기 위해서는 운이 필요한 걸까요?

혹시 '계획된 우연 이론'이라는 말을 들어본 적 있나요? 심리학의 대가 존 크롬볼츠John D. Krumboltz가 한 말입니다. 그는 커리어를 잘 쌓아온 사람들을 대상으로 연구 조사를 했습니다. 다음 2가지중 어느 쪽이 더 많았을까요?

- 나 자신이 사전에 꿈꾸고 계획한 대로 경력을 쌓아 왔다.
- 예기치 못한 우연을 잘 살려 기회로 삼은 결과 성공했다.

조사 결과, 후자의 경우가 압도적으로 많았습니다. 존 크롬볼츠가 주장한 '계획된 우연 이론'에 따르면 계획적으로 이룬 성공은 20%밖에 안 되고, 우연히 만난 사람이나 겪은 일들로 인해 이룬 성공이 80%나 됩니다.

진로 교육에서 적성이나 흥미를 강조하는데, '우연' 또한 그 못지않게 영향을 미칩니다. 우연은 나를 만드는 풍성한 기회이기 때문에 가능한 한 많은 우연으로 삶을 더욱 풍성하게 만들라고 합니다.

모든 사건이 내게 의미 있는 경험이 될 수 있으니까요. 이때 중요한 점은 진로에서 우연한 사건을 긍정적 효과로 연결시키는 것이 바로 본인 자신이라는 거죠. 운이 좋아 보이는 사람들은 일정한 행동을 취하거나 태도를 가짐으로써 행운이 자신의 편에 서도록 합니다. 행운을 얻는 데는 그만한 이유가 있고, 스스로 행운을 만들어 낼 수 있다는 것이지요.

어떻게 행운을 내 것으로 만들 수 있을까요? 우연한 사건을 스쳐 보내지 않고 절대적 기회로 바꾸는 사람들은 이런 특징이 있습니다. 살면서 경험하는 무수한 우연을 대하는 5가지 태도입니다.

1. 호기심
새로운 학습 기회를 탐색하려는 동기와 열정입니다. 호기심이 있으면 집중력이 높아지고, 생산성이 향상됩니다. 성과가 나타나면 자신감이 생기고 의욕이 높아집니다.

2. 인내심
자신의 욕구를 뒤로 미루고 목표를 향해 지속적으로 노력하는 것입니다.

3. 융통성

상황에 따라 유연하게 자기의 태도와 행동을 바꾸는 능력입니다. 모든 게 계획대로 될 수는 없습니다. 낯선 상황에서 자신이 해왔던 방식을 고집하지 않고 새롭게 도전하는 힘입니다.

4. 낙관적 태도

밝고 희망적인 태도입니다. 새로운 사건을 기회로 받아들이고 긍정적인 시각을 가지는 것입니다. 작은 것에 신경 쓰다 보면 불안해지고, 자기 연민에 빠지기 쉽습니다. 근심 없는 상태에서 뇌는 활발하게 움직이고 자유롭게 상상할 수 있습니다.

5. 위험 감수

결과를 100% 확신할 수 없는 상황에서도 목표를 위해 도전하는 태도입니다. 변화와 성공에는 위험이 존재합니다. 위험을 감수하지 않으면 변화는커녕 퇴보하는 결과를 만들 수도 있습니다.

존 크롬볼츠는 명확한 목표나 미래 계획보다 더 중요한 것이 있다고 말합니다. 열린 마음으로 경험에 의미를 부여하고 우연을 적극적으로 활용하는 것입니다. 즉, 기회가 오면 도망가지 못하게 붙들라고 합니다. 기회는 얄미울 정도로 도망을 잘 다닙니다. 그리스 신화에 나올 정도입니다.

상대적인 시간의 신이자 기회의 신인 카이로스는 제우스의 아들입니다. 그는 무척 우스꽝스러운 모습을 하고 있습니다. 상상해 보세요. 앞머리는 무성한데, 뒷머리는 머리털이 하나도 없는 대머리입니다. 손에는 저울과 칼을 들고 있구요. 등과 양발에는 날개가 있어 우주 괴물처럼 생겼습니다. 왜 이런 모습을 하고 있는지 궁금하죠? 카이로스의 동상 앞에 쓰인 글귀를 읽어 보면 고개가 끄덕여집니다.

내가 벌거벗은 이유는 쉽게 눈에 띄기 위함이고,

앞머리가 무성한 이유는 사람들이 나를 쉽게 붙잡도록 하기 위해서며,

뒷머리가 대머리인 이유는 내가 지나가고 나면

다시는 나를 붙잡을 수 없게 하기 위함이다.

손에 들고 있는 칼과 저울은 나를 만났을 때

저울에 재듯이 신중하게 판단하고 칼처럼 신속하게 의사결정을 하라는 뜻이다.

등과 발에 날개가 달려 있는 이유는 최대한 빨리 사라지기 위함이다.

나의 이름은 '기회'이다.

행운과 기회는 지금도 여러분 앞을 휙휙 지나가고 있습니다.

존 크롬볼츠가 말한 5가지 태도를 가지도록 노력해 보세요. 그럼 기회의 신인 카이로스의 풍성한 머리채를 덥석 붙잡을 수 있을 것입니다.

★ 작은 실천을 위한 꿈의 기록

1. 나에게도 '계획된 우연'이 있을 수 있습니다. 그런 사례가 있었다면 적어 보고, 앞으로 우연을 기회로 만들 수 있는 나만의 노력을 적어 보세요.

우연을 기회로 만드는 5가지 태도	나의 사례	나의 노력
호기심		
인내심		
융통성		
낙관적 태도		
위험 감수		

2. '세렌디피티'란 '뜻밖의 발견', '행복한 우연'을 뜻하는 말입니다. 특히 과학 분야에서 우연히 발견하는 경우가 많은데요. 뜻밖의 사실을 알려준 실수, 순간적으로 번쩍 떠오른 아이디어, 행운을 부른 실패 등 우연한 계기로 역사에 남을 만한 발견이나 발명을 한 사례를 찾아보고 친구들에게 이야기해 주세요.

★ 함께하면 좋은 영상

실수로 탄생한 세계적인 발명품: YTN 사이언스
https://www.youtube.com/watch?v=zIFkUOdZJhU

미래 일자리에
꼭 필요한 스킬

사공은 배를 조정하는 사람입니다. 옛 속담에 '사공이 많으면 배가 산으로 간다'라는 말이 있어요. 주관하는 사람 없이 여러 사람이 자신의 주장만 내세우면 일이 제대로 되기 어렵다는 의미입니다.

체육대회용 반티를 제작하다 보면 열띤 토론이 벌어지지요. 다들 개성 있고 예쁜 티셔츠로 우리 반을 돋보이게 하고 싶은 마음은 같습니다. 그래서일까요? 티격태격 싸우다가 결국 무난한 검정색으로 마무리 짓습니다. 체육대회 당일 화려한 티셔츠를 마치 전쟁터의 갑옷처럼 으스대는 다른 반 애들을 보면 괜히 기가 죽어요. 뛰기도 전에 패잔병처럼 고개를 숙입니다. 이렇듯 사공이 많아 의견 조율이 안 되면 밋밋한 결과로 끝납니다.

영어로는 'cooperation', 'teamwork'라고도 하는 협업은 여러

분의 학교생활과도 직결되어 있습니다. 적게는 둘이서, 많게는 반 전체가 협업을 합니다. 이것이 협업인지 아닌지 의식하지 못한 채 우리는 협업을 하고 있습니다. 영어 쪽지 시험 전에 친구와 문제 내 주기, 과학 실험 보고서 조별로 제출하기, 대청소 구역 조별로 정 하기 등등 열거하기 힘들 정도로 뭐든 함께하고 있습니다. 따라서 협업 능력을 키운다면 원만한 학교생활은 물론 나중에 사회생활을 하는 데도 도움이 됩니다.

우리는 학교와 직장에서 보내는 시간이 집에서 보내는 시간보다 많습니다. 이렇게 오래 머물러야 하는 곳에서 기왕이면 즐겁게 공 부하고 일하기 위해서는 협업 능력이 필요합니다. 2020년 다보스 세계 경제 포럼은 21세기를 살아갈 청소년들에게 필요한 능력을 아래와 같이 제시하였습니다.

- 기초 소양: 문해력, 산술 능력, 과학 소양, 컴퓨터 지식 소양, 금융 소양, 문 화적인 시민 소양
- 역량: 비판적 사고 역량, 창의 역량, 의사소통 역량, 협업 능력
- 성격적 특성: 호기심, 진취성, 지구력, 적응력, 리더십, 사회문화적 의식

2023년 대한상공회의소는 국내 100대 기업의 인재상을 분석하 여 공개했습니다. 업종별로 바라는 인재상에는 차이가 있겠지만

순서대로 열거하면 다음과 같습니다.

책임의식, 도전정신, 소통·협력, 창의성, 원칙·신뢰, 전문성, 열정, 글로벌역량, 실행력, 사회공헌

제4차 산업혁명 시대를 살아갈수록 협업 능력을 강조하는 이유는 무엇일까요? 조직 사회에서의 팀워크는 업무 효율을 높이고 정신적 스트레스를 줄여 주는 중요한 역할을 합니다. 또한 서로의 부족한 면을 보완해 주어 완벽으로 이끌어 주지요. 같은 팀원은 여러분의 능력을 보완해 줄 중요한 사람입니다. 물론 여러분도 그들의 능력을 보완해 주겠지요.

1인 크리에이터, 소설가 등 극소수의 직업을 제외하고는 혼자서 하는 일은 거의 없습니다. 특정 회사에 소속되지 않은 프리랜서도 누군가와는 소통하고 협업을 해야만 성장할 수 있습니다.

구글 채용 담당 부사장 수닐 찬드라는 기자간담회에서 구글이 원하는 인재 조건을 제시했는데요. "개개인 능력이 아무리 뛰어나도 다른 사람과 협업하지 못한다면 구글에서 일하기 어려울 것"이라며 협업 능력을 강조했습니다. 많은 기업에서도 면접 질문으로 협업 능력을 물어봅니다.

질문 예시)

- 팀 프로젝트에서 당신의 역할은 무엇이었고, 그 역할을 수행하면서 어떤 어려움이 있었나요?
- 팀원 간에 갈등이 있을 때 어떻게 대처하겠습니까?
- 팀에서 갈등을 해결한 경험이 있다면 그 상황과 해결 방법에 대해 말해 주세요.
- 어떤 상황에서 팀워크가 중요할까요?
- 상사의 지시가 부당하다는 생각이 들 때 어떻게 대처할 건가요?

이런 질문들을 통해 의사소통 능력, 리더십, 갈등 해결 능력, 타인에 대한 배려, 인성 등 지원자의 역량을 다방면으로 살펴볼 수 있습니다. 우리는 어떻게 협업 능력을 키울 수 있을까요? 학교라는 공간은 협업 능력을 키울 수 있는 최적의 장소입니다. 협업 능력은 몸으로 직접 부딪쳐야 키울 수 있기 때문입니다. 다음은 학교생활에서 협업 능력을 키우는 몇 가지 방법입니다.

첫째, 체육 시간을 적극 활용하기

신체 활동은 적극적이고 긍정적인 태도를 길러 줍니다. 조금 피곤하다고 귀찮아하지 말고 온몸으로 체육 활동을 즐겨 보세요. 특히 스포츠는 팀 경기가 많아 우리 편이 지더라도 응원하고 배려하는 모습에서 팀워크를 기를 수 있습니다. 친구에게 "너 때문에 졌

잖아."라는 상처의 말은 금물입니다. 친구에게 상처 주기 위해 스포츠를 하는 게 아닙니다. 팀 스포츠를 경험하고 역할을 분담하고 갈등을 해결하는 과정에서 알게 모르게 협업 능력이 길러집니다.

둘째, 수행평가에 대한 생각 바꾸기

수행평가의 비중이 늘어남에 따라 팀 프로젝트도 증가하고 있습니다. 개별 평가보다 채점하는 것이 까다롭지만 선생님들이 팀 프로젝트로 수행평가를 하는 이유가 있겠지요. 사회로 나아가기 전에 최대한 많은 경험을 제공하고자 함입니다. 팀원이 마음에 안 들어 짜증이 날 수도 있겠지만, 갈등 상황을 해결하려고 노력도 해 보고 팀원의 의견에 귀를 기울이면서 협업 능력을 기를 수도 있습니다. 수행평가를 단순히 점수 따기로만 생각하지 말고 나의 협업 능력을 높이는 도구로 활용해 보세요.

셋째, 리더가 되는 경험해 보기

학교는 무수히 많은 조직으로 구성되어 있습니다. 학급조직, 청소조직, 체육대회 역할, 봉사활동 배정, 수학여행 방 배정, 과목별 그룹, 수행평가 팀 구성 등이 있지요. 크고 작은 조직에서 한 번쯤 리더 역할을 맡아 보세요. 스스로 일을 찾아서 주체적으로 처리하고, 구성원과 소통한 경험은 자신을 성장시키는 데 큰 도움이 됩니다. 조직을 이끈다는 것이 힘들다는 걸 알게 되면 팀원으로서 태도가 달라집니다.

넷째, 나의 역할에 충실하기

사실 가장 중요한 태도입니다. 본인 일도 제대로 안 하면서 협업 능력을 말할 수는 없습니다. 각자의 역할에 충실한 것은 기본입니다. 본인의 역할을 제대로 안 하면 팀 내 누군가가 해야 한다는 뜻입니다. 입장을 바꿔 생각해 봤을 때, 남의 일을 대신해 주는 친구는 기분이 좋을까요? "너 수학 잘하니까 네가 다 해."라고 하면 능력 있는 친구도 괜히 하기 싫어집니다. 남에게 미루는 말 대신에 "나는 수학은 잘 모르니까 자료 검색이나 꾸미는 거 해 볼게." 등으로 내가 할 수 있는 일을 찾아보세요.

다섯째, 감정 조절 잘하기

예를 들면 수학시간 조원들이 마음에 들지 않는다고 짜증을 내거나 싫은 티를 내면 협업은 물 건너 갑니다. 내가 화를 내거나 얼굴을 찌푸렸을 때 어떤 결과가 초래될지 예측해야 합니다. 건강 관리, 시간 관리 모두 다 좋지만 멘탈 관리가 꼭 필요해요. 조원들이 마음에 안 들어도, 의견이 잘 안 맞아도 나의 멘탈은 꼭 붙드세요.

꿈을 찾는 10대를 위한 진로 노트

★ 작은 실천을 위한 꿈의 기록

1. 조별 프로젝트 수업에서 나의 역할은 무엇이었나요? 그 역할에서 어려움
은 없었나요? 어떻게 해결했나요?

----

2. 조별 프로젝트 수업에서 내가 속한 조에는 아무것도 하지 않으려는 친구가
있습니다. 그 친구가 참여할 수 있도록 어떻게 설득하면 좋을까요?

★ 함께하면 좋은 영상

협업을 더 잘하는 '일잘러'가 되려면: 토마스 라르손 IDI Profiling 대표(세바시 1033회)
https://www.youtube.com/watch?v=A2qxIrNIzhk

하고 싶은 일을 위해
지금은 공부할 시간
- 자기 주도 공부 기술

PART
3

하고 싶은 것도,
되고 싶은 것도 없을 때

뉴욕 그리니치 빌리지의 한 아파트에 사는 무명화가 존시는 폐렴에 걸려 사경을 헤맵니다. 삶에 대한 희망도 잃었습니다. 친구의 격려와 위로도 별 쓸모가 없네요. 창문 너머로 보이는 담쟁이덩굴 잎이 다 떨어지면 자기의 생명도 끝난다고 생각합니다. 삶의 의지를 담쟁이덩굴 잎에 맡겨 버리다니 안타깝습니다. 아래층에 사는 화가 베어먼이 이 사실을 알고, 진짜처럼 보이는 나뭇잎 하나를 벽에 그립니다. 심한 비바람에도 끄떡하지 않는 나뭇잎입니다. 존시는 이를 계기로 자신의 잘못을 깨닫고 삶의 의지를 다시 일으켜 세웁니다.

어디선가 많이 들어본 소설의 줄거리일 거예요. 어떤 소설일까요? 오 헨리O. Henry의 단편소설 『마지막 잎새』입니다. 존시가 삶에

190

무기력해진 이유는 목표가 없었기 때문입니다. 곧 죽을지도 모른다는 생각에 희망도 없었겠지요. 무언가 이루고자 하는 목표가 있었다면 나뭇잎 하나에 삶을 맡기지는 않았을 것입니다.

목표가 없는 학생은 『마지막 잎새』의 존시처럼 무기력한 생활을 할 수밖에 없습니다. 원하는 바, 이루고자 하는 바가 없는데 학교에서 배우고 싶은 게 있을까요? 수업 시간에 늘 엎드려 있는 학생이 있습니다. 병원에 누워 있는 존시와 같습니다. 진로 상담실로 불러 이유를 물어보았더니 부모님의 반대로 진로의 방향이 틀어지자 삶의 의욕을 잃어버렸답니다. 부모님은 경제적 이유를 들어 반대하고 있었습니다.

이렇게 현실적인 이유로 꿈이 좌절된다면 좀 더 천천히 가는 방법도 있습니다. 진로 목표를 다시 설정하고 천천히 도전하면 됩니다. 여러분의 집에서 서울역까지 가는 방법은 몇 가지나 될까요? 네이버 길찾기를 해 보세요. 대중교통, 자동차, 도보 등 다양한 방법이 나올 겁니다. 진로도 그렇습니다. 시원하게 직선으로 쭉 나아가면 좋겠지만 목표에 도달하기까지 휴게소도 들러야 하고, 정체되면 다른 길로 돌아가기도 합니다. 중요한 건 삶의 목표가 있어야 한다는 것입니다. 속도보다는 방향이 중요합니다.

목표를 찾아 내 인생의 시동을 걸어라

영화 〈시동〉에는 목표 없이 방황하는 청소년들이 나옵니다. 이 영화는 동명의 웹툰을 기반으로 제작되었는데, 미친 싱크로율과 거기에 걸맞은 배우들의 연기, 따뜻하고 가벼운 영화 내용이 장점이지요. 하고 싶은 것도, 되고 싶은 것도 없는 고등학교 자퇴생 택일(박정민)은 엄마 몰래 학원비로 낡은 오토바이를 삽니다. 친구 상필(정해인)을 뒤에 태우고 가다가 헬맷 미착용으로 경찰에게 잡히죠. 폼생폼사 굴러다니는 대로 살고 있는 택일에게 엄마(염정아)는 드디어 뜨거운 손맛을 보여 줍니다. 참고로 엄마는 배구 선수 출신입니다.

영화 〈시동〉에서 오토바이는 시작과 끝을 담당합니다. 영화의 시작 부분에 시동도 제대로 걸리지 않는 오토바이로 낑낑대는 모습이 나옵니다. 언덕을 올라가는 모습이 힘겨워 보여요. 인생의 목표를 찾지 못한 택일의 방황처럼요. 마지막에는 그 오토바이에 엄마를 태우고 시원하게 드라이브하는 장면으로 영화는 끝이 납니다. 택일의 방황이 끝난 것이죠. 똑같은 오토바이라도 주인공의 상황에 따라 소리가 다릅니다. 오토바이가 주인의 감정을 이해하고 있는 것일까요?

꿈이 없는 택일처럼 모터가 꺼지기를 반복하던 오토바이는 택일이 방황을 끝내자 고장 없이 시원하게 달립니다. 고장 난 오토바이도 시원하게 달릴 수 있게 하는 힘은 무엇이었을까요? 고장 난 오토바이처럼 힘겹게 버티고 있는 청소년에게 어떤 엔진 오일을 주입하면 시원하게 꿈을 향해 달릴 수 있을까요?

오토바이의 시동을 걸려면 연료가 있어야 합니다. 인생도 마찬가지예요. 인생도 시동을 걸기 위해서는 필요한 게 있습니다. 바로 꿈을 향한 목표 설정입니다.

"나는 노숙자homeless일 뿐이지, 희망이 없는 건hopeless 아니야."

월 스미스 주연의 영화 〈행복을 찾아서〉에 나오는 말입니다. 한물간 의료기기를 판매하는 주인공 크리스 가드너는 한동안 의료기기를 판매하지 못해 하루아침에 자동차를 압류당하고 살던 집에서 쫓겨나는 신세가 됩니다. 텅 빈 지갑을 열어 보니 남은 돈은 21달러 33센트. 돈은 없어도 희망만은 포기할 수 없었습니다.

아내는 떠나고 가드너는 아들과 함께 노숙자 보호소와 공중화장실에서 생활합니다. 이보다 더 가혹한 현실이 어디 있을까요? 하지만 우연히 주식중개업을 접하면서 주식중개인이 되기 위한 꿈을 꿉니다. 이 영화는 실화를 바탕으로 만들어졌어요. 훗날 그는 자신의 이름을 딴 '크리스 가드너 홀딩스 인터내셔널'의 최고경영자가 되죠. 현재는 어마어마한 부자랍니다.

"넌 꿈이 뭐야?"라고 물으면 한마디로 대답하기 힘듭니다. 이랬다저랬다 요상하게 변하는 것이 마음인데, 꿈도 상황에 따라 자꾸 바뀌니까요. 꿈이 바뀌는 것은 얼마든지 괜찮습니다. 없는 것이 문제이지요.

인도 어느 사원에 작자 미상의 이런 글이 있답니다. 캘리그래피 소재로도 많이 쓰이는 이 글은 의지가 꺾였을 때 희망을 일깨워 줍니다.

인생의 슬픔은
목표에 도달하지 못하는 데 있는 것이 아니라
도달하려는 목표가 없는 데 있다.

꿈을 실현하지 못한 채 죽는 것이
불행한 것이 아니라
꿈을 갖지 않는 것이 불행한 것이다.

새로운 생각을 못하는 것이 불행한 것이 아니라
새로운 생각을 하려고 하지 않는 것이
불행한 것이다.

하늘에 있는 별에 닿지 못하는 것이

부끄러운 것이 아니라

도달해야 할 별이 없는 것이 부끄러운 것이다.

실패는 죄가 아니며

목표가 없는 것이 죄악이다.

너와 나의 가슴에

아름다운 별을 달고 손잡고 나가자.

간절히 바라면 꿈이 이루어진다고?

살아가는 데 목표가 얼마나 중요한지 알 수 있겠죠? 목표를 정했다면 이제 열심히 앞으로 나아가야 합니다. 우리는 일상생활에서 즐거운 상상을 많이 합니다. 내가 전교 1등을 추월한다면? 장기자랑에서 국민가수 못지않은 실력으로 기립박수를 받는다면? 상상만 해도 흐뭇한 미소가 지어집니다. 꿈과 목표를 정하고 간절히 원하면 이루어진다고 하잖아요. 이것은 정신 건강에도 좋아요. 즐겁게 살 수 있으니까요. 근데 여기에 찬물을 끼얹는 연구 결과가 있습니다. 간절히 바라는 것만으로는 꿈이 이루어지지 않는다고 합니다.

심리학자 리엔 팜Lien Pham 교수는 A 집단에 "며칠 뒤 중간고사에서 높은 점수를 받는 장면을 매일 몇 분씩 간절하고 생생하게 상상하라."라고 요구합니다. 그리고 그런 요구를 하지 않은 B 집단과 비교합니다. 결과는 어땠을까요? 간절히 바랐으니 결과가 더 좋았을까요?

예상과는 달리 높은 점수를 받는 걸 상상한 A 집단이 공부 시간도 적었고, 성적도 떨어졌습니다. 펜실베니아 대학교의 가브리엘레 외팅겐Gabriele Oettingen 교수는 다이어트 프로그램에 참여한 여성들을 대상으로 다이어트에 성공한 날씬한 모습을 상상하도록 하였고, 그렇지 않은 그룹과 비교하였죠. 뜻밖에도 상상하지 않은 그룹이 체중을 평균 12kg 더 감량했습니다. 외팅겐은 또 다른 연구로 2년 동안 대학생들을 추적했는데, 취업에 성공한 모습을 자주 상상했던 학생들이 오히려 취업률이 더 낮았다고 합니다.

목표에 대한 결과보다는 '과정'을 시각화하는 것이 도움이 된다고 합니다. 그저 결과를 상상만 해서는 아무런 효과가 없지요. 목표만을 간절히 바라고 이루는 과정은 무시했으니까요. 간절히 바라는 것은 누구나 할 수 있습니다. 꿈은 그렇게 쉽게 이루어지지 않습니다. 그럼 어떻게 해야 할까요?

목표를 이루기 위해 어떠한 행동을 할 것인지 구체적으로 생각하고 적어 보는 것이 중요합니다. 실천하기 위한 가상의 시나리오를 만드는 것입니다.

예를 들어, 수학학원 과제 끝내기가 목표라고 합시다.

<수학학원 과제 끝내기>

• 친구들과 떡볶이 사 먹고 3시에 집에 가서 5시까지 문제 풀기

• 잘 안 풀리는 것 다시 검토하기

• 선생님께 질문할 문제 체크하기

이렇게 구체적인 과정까지 상상해야만 비로소 원하는 목표에 도달할 수 있습니다.

공부 목표를 실행으로 바꾸는 4단계

이제 목표를 설정하고 계획을 세워 볼까요? 총 4단계로 이루어집니다.

1단계 목표 설정하기

① **기간별 목표**: 목표를 기간별로 장기목표, 중기목표, 단기목표로 나눕니다.

예) **장기목표**: 요리하는 로봇 제작

중기목표: 학생부 교과 전형으로 ○○대 기계공학과 합격

모의고사 전국 상위 10%

고1 내신 평균 2등급 안에 들기

중간고사 반에서 3등

단기목표: 주말에 도서관 가서 4시간 공부하기

체력 단련을 위해 줄넘기 200개 하기

② SMART 목표: 목표를 세울 때는 너무 큰 목표를 잡기보다 실천할 수 있는 목표를 세워야 합니다. SMART 목표 설정법을 따라하면 구체적인 목표를 설정하는 데 도움이 될 거예요.

Specific: 명확하고 구체적으로

예시) 영어공부 매일 30분, 문제집 3장 풀기 (O)

수학 문제집 1시간 풀고 오답노트 작성하기 (O)

수학 성적 올리기 (×)

Measurable: 측정할 수 있게

예시) 중간고사에서 영어 90점 이상 받기 (O)

영어 성적 올리기 (×)

Attainable: 달성할 수 있게

예시) 하루에 30분 정도는 영어에 투자할 수 있음 (O)

고1 때 영어를 마스터함 (×)

(영어를 마스터하는 것은 불가능함. 공부에는 끝이 없음)

Relevant: 삶의 가치관과 목표가 관련 있도록

예시) 국제기구에 근무하기 위해 영어 실력 갖추기 (O)

돈을 많이 모아 부자 되기 (×)

Time-Bound: 목표 달성 시기 정하기

예시) 중간고사 시험 전까지 영어 교과서를 5번 훑어보기 (○)

영어 모의고사 1등급 받기 (×)

③ **목표 알리기**: 목표를 눈에 띄는 곳에 적어서 본다거나, 스마트폰에 매일 알람을 설정하는 것도 좋은 방법입니다. 또한 다른 사람에게 나의 목표를 알림으로써 나의 의지를 다질 수도 있습니다. 목표가 꼭 거창해야 하는 것은 아닙니다. 성공한 사람들은 작은 일부터 열심히 했습니다.

예) 아침에 일어나서 이불 정리하기

하루에 10분 책읽기

아침 자습 시간 영어단어 10개 외우기

친구에게 활짝 웃으며 인사하기

선생님께 하루에 1개 질문하기 등

2단계 시간 관리 계획 세우기

하루 24시간에서 무언가를 꼭 해야 하는 시간이 있습니다. 예를 들면 수업 시간, 수면 시간, 식사 시간, 등교 시간 등이지요. 그 시간을 빼면 공부할 수 있는 시간이 나옵니다. 물론 휴식 시간도 적절히 넣어야 하구요. 1시간 공부했다면 10분 정도 쉬는 것을 원칙으로 하세요. 2시간 이상 앉아 있는다고 해서 집중력이 올라가는 건 아닙니다. 가장 중요하고 시급한 일부터 계획에 넣고, 덜 중요한 것은 나중으로 미루면 됩니다.

3단계 실천하기

목표와 시간 관리 계획까지 세웠다면 공부를 시작하면 되는데, 언제나 실행은 어렵습니다. "완벽한 계획이야. 그럼 내일부터 실천해야지."라고 하면 말짱 도루묵입니다. 탕수육을 먹을 때 부먹이냐, 찍먹이냐는 항상 논쟁거리지요. 개그맨 문세윤이 "부먹, 찍먹 고민할 시간에 한 개라도 더 먹어라."라고 했는데요. 공부도 마찬가지입니다. 할까 말까 고민하지 말고 얼른 책상 앞에 앉으세요. 고민은 공부할 시간만 뺏어갈 뿐입니다. 가방 싸 들고 동네 도서관이나 스터디 카페로 발걸음을 돌리세요. 공부든 탕수육이든 고민하지 말고 행동하세요.

4단계 점검하기

일단 공부를 하다 보면 계획대로 되지 않을 때가 많습니다. 목표가 뚜렷하지 않거나, 계획이 과했거나, 학습에 도움이 되지 않는 습관들을 가지고 있는 경우지요. 아래 사항을 체크하면서 점검해 보세요.

□ 공부해서 이루고 싶은 목표가 있다.

☐ 과목별로 효과적으로 공부하고 있다.

☐ 하루하루 공부할 계획을 세우고 있다.

☐ 모르는 부분은 자료를 찾아서 확인한다.

☐ 공부하기 싫을 때는 나만의 해결 방법이 있어 어떻게든 해낸다.

☐ 공부 시간과 휴식 시간을 적절히 배치한다.

☐ 틀린 문제가 있으면 오답노트를 작성하고 반드시 살펴본다.

☐ 수업 시간에는 집중한다.

☐ 공부할 때는 공부에 방해되는 요소를 차단한다.

☐ 수업 시작 전에는 수업 내용을 훑어본다.

☐ 노트 정리를 성실히 한다.

☐ 그날 배운 내용을 나만의 방식으로 복습한다.

☐ 스스로 선택한 문제집을 풀고 있다.

☐ 과제는 무슨 일이 있어도 제출한다.

☐ 충분한 수면을 취한다.

☐ 자투리 시간을 활용한다.

☐ 계획을 잘 지켰는지 점검하고 달성하지 못한 부분은 보충을 하거나 다음
계획에 반영한다.

★ 작은 실천을 위한 꿈의 기록

1. 골대가 어디인지 알아야 골을 넣을 수 있는 것처럼 구체적인 목표 설정이 행동을 바꿉니다. 공부의 골대(공부 목표)와 골대까지 가기 위한 여정(구체적 계획)을 적어 보세요.

공부 목표: ....

구체적 계획: ....

....

(과목, 공부 범위, 시간의 양 등)

2. SMART 목표 설정에 도전하기

SMART 목표	예시	나의 목표
구체적(Specific)	영어 공부 매일 30분 문제집 3장 풀기	
측정 가능(Measurable)	중간고사에서 영어 90점 이상 받기	
달성 가능(Attainable)	하루에 30분 정도는 영어 공부 가능	
관련성(Relevant)	학생부교과전형 도전	
시간 제한(Time-Bound)	중간고사 시험 전까지	

3. 존 고다드는 탐험가, 인류학자, 다큐멘터리 제작자입니다. 역사상 처음으로 카약 하나에 의지하여 세계에서 가장 긴 나일강을 탐험했습니다. 존 고다드가 유명하게 된 진짜 이유는 꿈 리스트 때문입니다. 열다섯 살 때부터 자신이 이루고 싶은 평생의 목표 127가지를 구체적으로 적어 목록을 작성했습니다. 자신이 세운 목표를 이루기 위해서 지속적으로 노력했고, 그 결과 45세에 무려 103가지를 이루었지요. 여러분도 하고 싶은 일의 목록을 생각해 보세요.

★ 함께하면 좋은 영상

아들과 노숙하던 남자가 억만장자가 될 수 있었던 이유
https://www.youtube.com/watch?v=hTFdawWVhnI&t=50s

특급 비밀
공부법

참가하는 데 의의를 둔다.

─올림픽 공부법

나의 정답을 교수님께 알리지 말라.

─이순신 공부법

딱 반만 외운다.

─타노스 공부법

온라인에 떠도는 기발한 패러디에 웃고 갑니다. 중·고등학생은
물론 대학생들의 공부 고통을 유머러스하게 표현했는데요. 진짜

공부를 잘하려면 어떻게 해야 할까요? 누구나 공부를 잘하고 싶습니다. 공부를 잘하면 혜택이 많으니까요. 학교와 부모로부터 칭찬을 받고 직업의 선택지가 많아집니다. 공부를 쉽게 하는 방법이 있을까요? 결론부터 말하면 있습니다.

슬슬 공부하기 위한 시동 좀 걸어 볼까요? 공부를 하려면 준비가 필요합니다. 나를 공부로 유인하기 위한 치명적 매력의 준비물이라면 더욱 금상첨화겠지요. 일단 책상에 앉으면 책이라도 들춰 보고, 문제집이라도 펼쳐서 풀기 시작하는데, 나의 손과 몸은 스마트폰에 자석처럼 붙어 있습니다. 나를 책상 앞으로 유혹하는 마성의 무언가가 필요한 시점입니다. 술을 마시려면 어울리는 안주가 있어야 하고, 밥을 먹기 위해서는 잘 넘어가는 반찬이 있어야 합니다. 달랑 김치 하나 있다고 밥맛이 꿀맛이 되는 건 아니지요.

공부를 하도록 유혹하는 나만의 도구가 필요합니다. 나만의 도구는 자신이 좋아하는 것과 연결시켜 보세요. 공부하기 전에 좋아하는 가수의 노래를 듣는 것도 좋아요. 음악을 듣기 위해서라도 책상 앞에 앉겠지요. 음악은 나를 공부시키기 위한 수단으로 듣고, 공부가 시작되면 음악을 끄는 것이 좋습니다. 음악을 들으면서 공부하면 집중력을 발휘하기가 힘드니까요.

'다꾸'는 다이어리 꾸미기의 줄임말로 신조어입니다. 요즘 다꾸를 취미로 하는 학생이 많습니다. 노트 꾸미기는 어떨까요? 필기한 노트 옆에 연예인 스티커를 붙인다거나 색색깔의 메모지에 중심 내용을 적어서 붙이는 거죠. 그 재미에 공부도 함께하는 겁니다.

학습자가 스스로 진로 목표를 설정하고, 목표 달성을 위한 학습 계획을 수립하여 학습 과정 전체를 이끌어 가는 활동을 '자기 주도 학습'이라고 합니다. 공부 관련해 전체적인 흐름을 내가 주도해야 합니다. 인간은 기본적으로 자율성에 대한 욕구를 가지고 있습니다. 아무리 어려운 공부라도 본인이 선택했다면 이루고자 하는 열망과 동기를 가집니다. 힘들어도 참을 수 있는 동력이 생깁니다.

공부를 하고자 하나 방해하는 적들이 너무 많아요. 전략 없이 그냥 들어갔다간 다 죽습니다. 실시간으로 덤벼드는 공부의 적을 무찔러야 합니다. 한정된 자원과 시간을 활용해서 효과적으로 이겨 보세요. 지금부터 그 방법을 소개합니다.

공부 모드로 돌입하는 행동 강령

1. 몰입 환경 만들기

최고의 집중력을 발휘할 수 있는 환경, 즉 몰입할 수 있는 환경을 조성합니다. 오랜 시간 집중해서 일할 수 있을 때 탁월한 결과물이 나옵니다. 지금 내가 최고의 성과를 위해 몰입할 수 있는 환경을 만들려면 어떻게 해야 하나요? 방에서 공부한다면 공부 친화적 환경으로 바꾸세요. 자질구레한 물건들은 치워 버리세요. 공부에 꼭 필요한 것들만 준비합니다. 스마트폰, 태블릿 PC는 먼 곳에 둡니다.

책상 앞에 공부 명언, 롤 모델 사진, 공부 계획표, 성적표 등을 붙여 놓습니다. 몸과 마음이 늘어지지 않도록 긴장감을 떨어뜨리는 잠옷이나 트레이닝복 대신 다소 불편한 복장을 입습니다. 방에서 공부하니 잠이 오고 눕고 싶다면 차라리 교복을 입고 공부해 보세요.

2. 내 방 탈출하기

운동은 어디서든 할 수 있습니다. 운동장을 뛰어도 되고, 유튜브 영상을 보면서 요가 동작을 따라 해도 됩니다. 그런데 그게 안 됩니다. 결심만 할 뿐 몸이 움직이질 않아요. 그래서 헬스클럽으로 갑니다. 각종 운동기구와 사람들을 보는 순간 자연스럽게 내 몸이 움직입니다. 공부도 마찬가지입니다. 내 의지가 약하다면 자극을 받을 수 있는 환경을 찾으세요. 사람의 의지는 연약하기 그지없지만, 환경은 강력합니다. 편안한 내 방에서 탈출하세요. 의지가 강해서 집에서도 잘된다면 집에서 해도 됩니다. 하지만 저는 그런 학생을 거의 본 적이 없습니다. 방은 유혹의 소굴입니다. 힘들면 눕고 싶고, 누우면 잠이 옵니다. 인강용으로 샀던 태블릿 PC는 나도 모르게 유튜브 동영상을 보고 있고요. 빨리 탈출하세요. 도서관, 스터디 카페로 발길을 돌리세요.

3. 가족에게 협조 구하기

지금부터 1시간 동안 공부할 것이고, 영어 문제집 2장을 풀고 틀린 문제 복습하겠다고 가족에게 선언하세요. 1시간 동안 공부한 것을 보여드리고, 확인을 받으세요. 부모님의 강요가 아닌 자발적 구속입니다. 자발적 구속은 자기 주도 학습입니다. 내 의지로 하는 것입니다.

4. 좋아하는 과목과 싫어하는 과목의 균형 맞추기

수포자, 과포자 등 특정 과목을 싫어해서 포기하는 학생들이 있습니다. 재미없고 싫어하는 과목이 있다면 재미 요소를 더해 보세요. 음식을 섭취할 때 야채와 과일도 함께 먹어야 건강해지듯이 좋아하는 과목과 싫어하는 과목의 균형을 맞춰야 해요. 연예인 스티커를 붙이거나, 교재 군데군데 좋아하는 문장들을 적어 놓는 방식으로 싫어하는 과목과 친해져 보세요. 싫어하는 과목을 잘하는 친구가 있으면 옆에 가서 관찰하거나 직접 물어보세요. 내가 모르는 비법이 있을지 모릅니다. "그냥 학원 다녀."라고 말했다구요? 학원에 다니면서 어떻게 공부했는지 그 핵심을 들여다보세요.

5. 문구 덕후가 되어 보기

동기부여가 될 수 있는 펜이나 노트를 사세요. 필기구를 사용하는 것이 즐거워야 공부도 재미있어져요. 펜의 잉크가 줄어들수록, 필기한 노트 페이지가 늘어날수록 여러분의 성적도 오를 것입니다.

달아난 집중력을 붙드는 방법

1. 긴급한 일 확인하기

집중력이 떨어지는 이유는 급하다는 생각이 들지 않기 때문입니다. 지금 당장 긴급하게 해야 할 일을 써서 우선순위를 매겨 보세요. '꼭 해야 할 일'과 '하지 않아도 되는 일'을 구분하면 집중하기가 쉽습니다.

2. 집중력이 발휘되는 시간 확보하기

집중력이 최대치가 될 때는 공부를 하고, 엄청난 피로감이 몰려올 때는 휴식을 취해야 합니다. 공부 시간과 휴식 시간을 적절히 배분해야 효과적으로 공부할 수 있습니다.

예) 30분 공부, 10분 휴식

1시간 공부, 15분 휴식

또한 아침에 공부가 잘된다면 아침 시간을 확보해 두세요. 가장 집중력이 필요한 과목들을 먼저 배치합니다.

3. 졸음을 물리치는 방법

공부는 잠과의 사투입니다. 어느새 눈꺼풀이 감깁니다. 공부할 것도 많이 남았는데 밀려오는 잠을 어떻게 할까요?

- 알람을 맞춰 두고 잠시 10분 정도 잔다.

- 힘을 주는 음악을 듣는다.

- 잠이 덜 오는 과목으로 교체한다.

- 교재를 소리 내어 읽는다.

- 물을 마신다.

- 의자에서 일어나 왔다 갔다 하면서 공부한 내용을 중얼거린다.

사라진 공부 의욕을 되살리는 법

기계가 맞닿는 부분이 마찰로 삐걱거릴 때 윤활유를 뿌려 부드럽게 합니다. 수능 전까지 또는 학기 말 전까지라도 꽤 길게 공부를 해야 하는데 삐걱거리지 않고 꾸준히 하려면 윤활유가 필요합니다. 어쩌다 한 번씩만 삐걱대는 공부 머신도 있을 테지만, 하루에 수십 번씩 삐걱대는 의지박약인 학생도 있을 것입니다. 공부에 윤활유 역할을 하는 것은 바로 '의욕'입니다. 공부 의욕이 생기지 않는다면 어떻게 할까요? 해야겠다는 생각은 드는데 몸이 움직이질 않습니다. 의욕이란 참 신기합니다. 1시간 전만 해도 공부 의욕이 있었는데 높아지는 기온과 함께 눈 녹듯 사라집니다. 게임할 때는 열정 만수르인데, 공부할 때만 숨어 버리는 의욕을 어떻게 되찾을까요?

1. 해야 할 일을 포스트잇에 적기

실천한 후에는 줄을 그어 지워 버리세요. 이렇게 하면 작은 성취감을 맛볼 수 있어요. '해냈다'라는 성취감이 모여 의욕에 불을 붙여줄 것입니다.

2. 무리한 계획 세우지 않기

완전히 달라진 나를 보여 주고 싶다고 무리한 계획을 세우다가는 망합니다. 갑자기 매일 4시간만 잔다고 해 보세요. 오히려 수업 시간에 자고 있는 모습을 발견할 거예요. 피곤하지 않을 정도로 충분히 잠을 자고, 매일 조금씩 공부량을 늘리는 것이 좋습니다. 몸이 피곤해지면 의욕도 사라지니까요.

3. 남 탓으로 돌리지 않기

"국어샘이 너무 못 가르쳐요.", "수학샘 핵노잼이에요.", "주변 친구들이 공부를 안 해서 저도 하기 싫어요." 이런저런 핑계를 대며 공부를 안 하는 학생들이 꽤 있어요. 공부하지 못할 핑계는 차고 넘칩니다. 수업 시작 전에 그 과목이 싫다고 투덜댑니다. 친구들이 떠들어서 공부할 맛이 나지 않는다고 합니다. 반면에 친구들이 너무 잘해서 공부할 의욕이 나질 않는다고 말하기도 합니다. 공부를 못하는 이유를 남에게 돌리면 개선할 여지가 없어요. 타인을 바꿀 수는 없으니까요. 바꿀 수 있는 것은 나 자신뿐입니다. 내가 이 상황을 돌파해 나가겠다고 생각해 보세요. 선생님이, 또는 친구들이 여러분의 인생을 책임지지 않아요.

4. 생각 많은 햄릿보다 행동하는 돈키호테 되기

'1톤의 생각보다 1그램의 실천이 낫다.'라고 했습니다. 의욕은 없지만 1그램이라도 공부를 해 보세요. 고민만 하다가 쓸데없이 시간만 낭비합니다. 그냥 책상에 앉아 종이 한 장이라도 넘겨 보세요. 이미 반은 성공했습니다.

5. 복리의 효과, 복습의 효과

예습은 중요합니다. 오늘 수업 내용은 뭘지 궁금증을 가져 보세요. 그것이 예습입니다. 교과서를 읽다가 잘 모르는 부분을 표시하거나 물음표로 표시해 둡니다. 나중에 수업하다 보면 '아, 그거였구나.'라며 배움의 기쁨을 알게 됩니다. 예습을 하면 수업 시간이 재미있어집니다. 선생님의 질문에 대답하다 보면 어깨가 으쓱해지니까요. 예습은 가벼운 마음으로 하면 됩니다. 사실 예습만 하는 것은 추천하지 않습니다. 예습보다 더 중요한 것이 복습입니다. 나답지 않게 수업 태도도 좋았고, 필기도 했습니다. 심지어 선생님과 교감하면서 대답까지 했으니 만족합니다. 여기서 끝내면 성적 향상을 기대하기가 어렵습니다. 수업 시간에 배웠다고 다 기억하는 것은 아니니까요. 기억이 날아가기 전에 붙잡아 두는 것이 복습입니다.

- 수업 후 1분 정도만 배운 내용 훑어보기

- 학교 다녀와서 배운 범위까지만 문제 풀어 보기

- 잠자기 전에 노트 훑어보기

- 시험 직전까지 5번 정도 복습할 계획 세워 실천하기

작은 실수 무시하지 마라

"문제를 잘못 봤어요.", "마킹을 잘못 했어요.", "틀린 걸 찍어야 하는데 맞는 걸 찍었어요.", "뒷장에도 문제가 있는 줄 몰랐어요." 등 학생들이 종종 이런 실수를 저지릅니다. 실수도 실력입니다. 시험에서 실수로 틀렸다는 것은 변명입니다. 하지만 괜찮습니다. 이제부터 실수를 줄이면 됩니다. 실수만 하지 않아도 내신 한 등급이 올라갈 수 있습니다.

1. 점검할 시간 확보하기

• 마킹을 제대로 했는가?

• 풀이 과정의 답과 일치하는가?

• 밀려 쓰지는 않았는가?

2. 문제를 끝까지 읽기

많이 풀어본 문제라고 방심하다가 중요한 실수를 합니다. 문제

를 꼼꼼하게 읽으면서 밑줄도 치고, 중요한 단어에 동그라미를 하세요. 속독은 위험합니다.

3. 암산하지 않기

암산이 습관이 되면 계산식 쓰기를 어려워하거나 계산에서 실수가 나오기 쉽습니다. 귀찮더라도 연습장에 계산식을 정확하게 쓰면서 오차 없이 푸는 것을 습관화하세요. 서술형 문제 비중도 높으니 계산식을 써 가면서 푸는 연습을 해야 합니다.

4. 문제의 양에 집착하지 않기

실력을 쌓으려면 문제를 많이 풀면 좋습니다. 그런데 풀고 나서 꼼꼼하게 검토하지 않으면 실력이 늘지 않습니다. 왜 틀렸는지 확인하는 과정이 꼭 필요합니다. 실컷 공부하고도 역효과가 나지 않도록 조심하세요.

나무를 보지 말고 숲을 보라

명문대에 합격한 최상위권 학생들의 인터뷰를 보면 하나같이 "교과서 위주로 공부했어요."라고 답합니다. '고액 과외와 학원의 힘이겠지'라며 믿지 않는 사람들이 많지만 교과서를 기본서로, 교과서에 없는 내용은 다른 교재로 보충했다고 합니다. 효율적인 공부를 위해서는 교과서를 전체적으로 파악하는 것이 중요합니다.

1. 목차 보기

먼저 교과서 맨 앞의 목차를 보세요. 무엇을 공부해야 하는지 한 눈에 훑어보고 흐름을 파악합니다. 특히 역사는 시대적 흐름이 중요하므로 목차를 보면서 호기심을 가져 봅니다. 가능하면 외우는 것이 좋습니다.

2. 마인드맵 정리

목차에 나오는 대단원, 소단원을 적은 후, 마인드맵 형식으로 키워드를 정리해 봅니다.

3. 암기한 내용 점검하기

목차를 보면서 자신이 공부한 내용을 되물으며 암기한 내용을 점검해 봅니다.

4. 공부한 날짜 적기

목차 옆에 공부한 날짜를 씁니다. 공부 진행 과정을 확인할 수 있습니다. 목차는 책의 핵심을 담은 뼈대입니다. 어떤 내용을 담고 있는지 목차를 보면 대충 알 수 있습니다. 공부 시작 전에는 꼭 목차부터 살펴보기 바랍니다.

나만의 공부법 찾기

전교 1등 하는 친구의 공부법을 그대로 따라 한다고 나도 그렇게 되는 것은 아닙니다. 전교 1등도 나름 시행착오를 거쳐 자기만의 공부법에 정착했으니까요. 누구에게나 적용할 수 있는 보편적인 공부법이 있다면, 나에게만 적용되는 특수한 공부법도 있습니다. 공부를 하면서 이렇게도 해 보고, 저렇게도 하다 보면 나만의 방법을 찾을 수 있을 거예요. 쓰는 걸 좋아하는 친구는 노트 정리를 하면서 공부합니다. 말하는 걸 좋아하는 친구는 중얼거리면서 공부합니다. 활동적인 친구는 행동을 섞어 가며 공부합니다.

"여러분은 다양한 지능을 가지고 있습니다. 그것도 8가지나 가지고 있습니다." '다중지능이론'을 주장한 하워드 가드너 교수의 말입니다. 모든 지능에 뛰어난 사람은 없습니다. 반대로 모든 지능이 떨어지는 사람도 없습니다. 사람마다 강점 지능과 약점 지능이 다릅니다. 따라서 공부할 때도 나의 강점 지능을 활용한다면 더욱 효과적으로 공부할 수 있습니다.

<다중지능을 이용한 공부법 예시>

다중지능	추천 학습 활동
언어지능	· 학습한 내용을 설명하듯 말하기 · 글을 쓰면서 암기하기 · 나만의 말로 바꾸어 요약하기 · 녹음해서 다시 듣기 · 줄임말로 만들어서 암기하기 · 이야기로 만들기
논리수학지능	· 소크라테스식 문답법 활용하기 · 문제를 풀면서 해결 과정 즐기기 · 학습한 내용을 수량화하기 · 육하원칙에 따라 질문하기 · 단계 나누어 설명하기 · 일정한 규칙, 원리 찾기 · 범주화, 분류하기
공간지능	· 그림이나 도형을 활용해서 공부하기 · 학습한 내용을 그림이나 도표로 정리하기 · 여러 색깔의 펜을 이용하여 노트 정리하기 · 영상, 사진 등의 자료 활용하기
신체운동지능	· 정기적으로 의자에서 일어나 몸풀기 · 교재를 읽으며 손동작 취하기 · 신체 동작으로 답 말하기 · 모방하기 · 직접 만지고 경험하기 · 쓰면서 공부하기
자연친화지능	· 자연 관련 교재 활용하기 · 위인, 역사적 사건 등에서 중요한 특성 발견해 보기 · 동·식물과 상호작용할 수 있는 야외 활동 해 보기 · 오감 활용하기 · 자연현상의 논리적 관계 생각하기
음악지능	· 학습 내용과 연관된 것을 노래로 만들기 · 음악으로 학습 분위기 조성하기 · 공부 전후로 음악 듣기 · 노래로 암기하기

자기성찰지능	· 공부의 의미를 찾고, 목표 설정하기 · 학습 과제, 해결 방법 등을 직접 선택하기 · 영화, 책 등을 통해 다양한 감정 경험하기 · 스스로 격려하기 · 학습 내용을 내 경험과 연관 짓기 · 혼자 공부하기
대인관계지능	· 친구와 함께 공부하기 · 가르치고 설명하기

★ 작은 실천을 위한 꿈의 기록

1. '나는 왜 공부를 하는가?'에 대한 대답을 적어 보세요.

----

2. 친구들 앞에서 나의 공부 선언문을 낭독해 보세요. 또는 서로 공부 선언문을 교환해 보세요. 친구끼리 간식을 걸고 선언문대로 공부해 봅시다.

<공부 선언문>

- 나는 오늘부터 2주 동안 (   )을/를 공부하려 한다.
- 내가 공부하는 목적은 (   )이다.
- 내가 2주 동안 공부함으로써 (   )을/를 얻을 수 있다.
- 나 스스로 공부하는 시간은 다음과 같다.

    (   )~(   )

    (   )~(   )

    (   )~(   )

    (   )~(   )

- 계획이 헛되지 않도록 반드시 지킬 것을 선언한다.

스티브 잡스의 생활기록부는
어땠을까?

"뛰어난 독서가이지만, 책을 읽느라 너무 많은 시간을 허비한다."

담임선생님이 초등학교 생활기록부에 쓴 내용입니다. 누구의 생활기록부일까요? 바로 애플을 설립하고 세계적으로 아이폰 열풍을 일으킨 스티브 잡스입니다. 담임선생님은 독서에 시간을 너무 많이 허비한 이 아이가 세상을 바꾸리라곤 상상도 하지 못했겠죠. 담임선생님의 표현대로 독서에 시간을 너무 많이 허비해서 결국 스티브 잡스는 뛰어난 창업가가 될 수 있었습니다.

마이크로소프트 창업자이자 세계적인 부호인 빌 게이츠도 독서광이었습니다. 도서관에서 살다시피 했습니다. 시간을 분 단위로 관리할 만큼 바쁘지만 1년에 50권씩 책을 읽고, 매일 1시간씩 책에 투자합니다. IT기업의 수장이지만 전자책보다 종이책을 고집하지요. 동의하지 않는 문장에는 본인의 의견을 적는 등 메모하기 위해서입니다. 책은 신중하게 선택하며, 일단 선택했다면 무조건 끝을 봅니다.

공부라는 게임의 강력한 아이템

갈수록 독서 인구가 줄어들고 있다는 뉴스가 나옵니다. 유엔이 발표한 바에 따르면 우리나라는 국민 연평균 독서량이 9.5권으로 세계 166위입니다(2015년 기준). 미국은 79.2권, 프랑스는 70.8권, 일본은 73.2권입니다. 우리나라는 OECD 국가 중에서도 최하위권으로 드러났습니다. EBS 뉴스에 따르면 파리의 면적이 서울의 6분의 1에 불과한데 서점은 760여 개나 있다고 합니다. 세계에서 서점 밀집도가 가장 높은 국가라고 해도 과언이 아닙니다(2021년 기준). 심지어 코로나 봉쇄령 기간에도 서점과 일부 공공 도서관은 개방했답니다. 1, 2차 봉쇄령 때 문을 닫았다가 시민들의 강력한 요구로 3차 봉쇄령 때는 서점과 도서관을 개방했다고 하니 프랑스의 유별난 책 사랑이 느껴지지요.

스마트폰으로 글을 읽고, 오디오 클립으로 소설을 듣고 있다고 항변하는 소리가 들리는 듯하네요. 디지털로 간편하게 책을 접할 수 있는데 왜 굳이 무거운 책을 들고 다니면서 읽어야 하는지 납득하기 어려울지도 모르겠어요. 그렇다면 이 연구를 들여다볼까요.

덴마크 출신 전산학자인 제이콥 닐슨Jakob Nielsen 박사는 232명의 피실험자에게 1,000개의 웹페이지를 읽게 했습니다. 그러고는 그들 눈동자의 움직임을 추적했어요. 종이책은 왼쪽에서 오른쪽으로 일직선으로 계속 읽어가는 데 반해 웹페이지를 읽을 때는 꼼꼼히 읽지 않고 F자 형태로 읽는다는 결과가 나왔습니다. 맨 위의 1~3문장은 끝까지 읽습니다. 다음 중간 부분은 건너뛰고 1~2문장을 읽습니다. 그리고 아래로 쭉 내려와 다른 문장들은 버리지요. 눈동자로 F자를 그리며 읽은 몇 문장 외에 나머지는 읽지 않았다는 뜻입니다. 한마디로 듬성듬성 읽는 훑어 읽기입니다. 그래서 많은 글을 읽어도 남는 게 없습니다.

훑어 읽기가 습관이 되면 긴 글 읽는 것을 피곤해합니다. 다 읽고도 요점을 파악하기 힘들어합니다. 더 문제가 되는 것은 F자형 읽기에 익숙해져 종이책을 읽을 때도 이해가 잘 안 된다는 사실입니다. 그러니 종이책으로부터 점점 더 멀어집니다.

사실 훑어 읽기가 필요할 때도 있습니다. 필요한 정보를 빨리 찾아야 할 때가 그렇습니다. 글 말고도 볼거리가 넘치는 시대에 글자만 읽을 수는 없지요. 그림과 영상도 봐야 합니다.

재미만을 위해 책을 읽는다면 F자 형태로 읽는 것도 그리 문제될 건 없습니다. 하지만 지식이나 자료 조사를 위해 책을 꼼꼼하게 자세히 읽어야 할 때도 있습니다. 수업 시간에는 새로운 용어가 많이 나옵니다. 책을 꼼꼼히 읽어 어휘력이 풍부한 학생은 선생님의 설명을 차근차근 이해합니다. 그러니 공부가 그리 힘들지 않습니다. 어휘력은 공부라는 게임에서 강력한 아이템입니다. 아이템이 풍부하면 게임의 능력치가 향상되듯 말이지요. 공부의 게임 아이템은 책 읽기에서 얻을 수 있습니다.

독서가 왜 중요한지 깨닫기 위해서는 일단 책장을 펼쳐야 합니다. 어떤 학생은 책을 무슨 벌레 보듯 합니다. 혐오스러운 벌레도 아닌데 몸서리치며 싫어합니다. 아직 책의 매력에 빠지지 못해서 그런 겁니다. 나태주 시인의 '자세히 보아야 예쁘다. 오래 보아야 사랑스럽다.'라는 시구처럼 책도 그렇습니다. 책을 펼치는 것이 아령을 드는 것보다 더 힘들다면 조금만 참고 견뎌 천천히 읽어 보세요. 세상에 나쁜 책은 없습니다.

서점이나 공공도서관에 갈 시간이 없다면 학교 도서관에 들러 보세요. 서가에서 주인을 기다리는 책들이 여러분을 유혹합니다.

일단 서가를 쭉 둘러보면서 아무 책이나 꺼내서 구경하는 겁니다. 무슨 책이 나왔는지 살펴보는 것만으로도 세상 돌아가는 흐름을 알 수 있습니다. 다양한 자료를 바탕으로 자기 주도 학습이 시작되는 곳이 바로 도서관입니다.

맥도날드 가게보다 도서관이 더 많은 나라가 있습니다. 이 나라의 지도를 펴 놓고 도서관의 점을 찍으면 그 흔한 맥도날드 가게보다 더 많은 점이 찍힙니다. 참고로 이곳은 패스트푸드 왕국으로도 유명합니다. 맥도날드 가게는 1만 2천여 개, 공공도서관은 1만 6천여 개이며 모든 도서관의 수는 무려 12만 2천여 개에 이릅니다. 어느 나라일까요? 바로 미국입니다. 미국은 역사가 짧은 대신 미래에 대한 투자를 아끼지 않습니다. 도서관이 그걸 말해 줍니다. 수많은 부자들이 도서관에 돈을 기부하고 자신의 이름을 남깁니다.

빌 게이츠는 "오늘의 나를 만들어 준 것은 동네의 작은 도서관이다."라며 도서관에 대한 애정을 숨기지 않습니다. 부자들만 도서관을 사랑한 것이 아닙니다. 미국 대통령들도 둘째가라면 서러울 정도로 '도서관 러버'였습니다. 링컨은 정규학교를 다니지는 못했으나 책만 보면 닥치는 대로 읽었다고 합니다. 그의 명연설은 모두 책 덕분입니다. 의원이 된 이후에도 의회 도서관에서 마음껏 독서를 했습니다. 도서관에서 독학으로 터득한 군사학 지식은 남북전쟁을 승리로 이끄는 데 큰 도움이 되었다고 합니다. 미국의 제43대 대통령 조지 부시의 영부인 로라 여사는 사서 출신입니다. 둘은 도서관에서 처음 만났는데요. 로라가 제시한 교제 조건이 재미있습니다. '도서관을 이용하고 책을 많이 읽을 것.' 좋아하는 이성이 이런 조건을 제시한다면 여러분은 어떤 선택을 할 건가요?

주 1회 도서관을 들르면 어떤 변화가 일어날까?

흔히 책은 앉아서 하는 여행이고, 여행은 서서 하는 독서라고 합니다. 서가를 둘러보며 책을 탐험해 보세요. 어떤 책으로 여행하고 싶은가요? 좋은 책을 만나는 건 가성비 높은 여행입니다. 도서관에서 빌린다면 공짜 여행이고, 사서 보더라도 커피 몇 잔 값이면 됩니다. 이보다 더 좋은 투자가 있을까요? 미래를 위한 투자 비법에 이보다 더 나은 종목은 없습니다. 모두가 알고 있지만 모두가 하는 것은 아니지요.

도서관에 갈 시간이 없다면 추천도서 목록을 보고 온라인 서점에서 주문할 수도 있겠지만, 직접 가서 고르는 재미에 비할 수 없죠. 제아무리 예쁜 옷이라도 엄마가 사준 옷에 손길이 가지 않는 것처럼요. 책의 제목, 내용, 디자인까지 내 마음에 드는 책이 좋은 책입니다.

무서운 담임선생님이 아침 자습 시간에 책을 읽지 않으면 벌 청소를 시킨다고 합니다. 그럼 울며 겨자 먹기로 아침마다 책을 읽어야겠지요. 국어 시간에는 수행평가로 한 학기 한 권 책 읽기를 합니다. 부모님과 책을 읽은 만큼 게임을 하겠다는 규칙을 만들었다면 게임을 하기 위해서라도 책을 볼 수밖에 없습니다.

'배달의 민족' 창업자 김봉진은 『책 잘 읽는 방법』에서 본인을 과시적 독서가라고 소개하더군요. 마음의 양식을 쌓기 위해 책을 읽는다는 고리타분한 이유 대신에 '있어 보이려고' 책을 읽었답니다. 처음부터 독서광이 아니었던 거지요.

저도 책을 많이 읽는 편인데요, 쓰기 위해 책을 읽습니다. 여기서 쓴다는 것은 책을 쓴다는 의미도 있고, 말 그대로 노트에 쓰기 위해 책을 읽어요. 저는 문구 덕후인데요, 그중에서도 수첩을 좋아합니다. 학생들이 '다꾸(다이어리 꾸미기)'하듯이 수첩에 글을 적습니다. 굵기가 다른 펜으로 꾸미듯이 적습니다. 제목은 0.8mm 굵은펜, 작가의 글은 0.3mm 얇은 펜. 책을 읽으면서 저의 생각도 함께 적는데 가장 가는 굵기의 펜으로 적습니다. 이처럼 책을 읽는 이유는 사람마다 다양합니다. 책 읽기의 시작은 미미할지라도 그 끝은 해피엔딩이 될 것임을 장담합니다.

한 달만 나를 탐구하는 생활을 해 보세요. 나 자신을 실험하는 겁니다. 누가 시켜서 하는 게 아니라 스스로 하는 거예요. 재밌을 것 같지 않나요? 주 1회 도서관을 방문하면 난 어떻게 변화할까? 취침 전 스마트폰과 이별, 책과의 동침 결과 보고서를 작성해 보세요. 책가방 속에 책을 한 권 넣어 등교했을 때 생기는 변화를 탐구해 보세요. 독서가 중요하다는데, 과연 나에게 어떤 도움이 될지 궁금하지 않나요?

책을 '내 것'으로 만드는 법

도서관에서 빌린 책이나 학급 문고는 소중히 다뤄 주세요. 친구에게 빌린 책도 마찬가지고요. 빌린 책을 함부로 다루었다가는 우정에 금이 갈 수도 있어요. 빌린 책인데 소중한 문장을 발견했다면 기록해 두어야겠지요. 노트에 적어도 좋고, 스마트폰 앱에 저장해 두어도 됩니다.

도서관에서 빌린 책이 아니라 '내돈내산' 책이라면 그리 소중히 다루지 않아도 됩니다. 내 용돈, 엄마 카드로 샀다면 그 책이 나의 책이 될 수 있게 옷을 입혀 주세요. 내 책의 디자이너가 되는 거예요.

첫째, 읽으면서 밑줄 긋기

흰 건 종이요, 까만 건 글자였던 무의미한 책이 나만의 책으로 변신을 하게 됩니다. 기억이 선명해지며, 나중에 다시 볼 때 찾기도 쉬워요. 필기도구의 색깔도 큰 역할을 합니다. 문장이나 문단 전체에 밑줄을 긋는다면 강렬한 색상의 필기도구는 알맞지 않아요. 그럴 때는 연필이 무난합니다. 핵심어나 제목은 형광펜으로 표시해도 좋겠지요.

둘째, 여백에 나만의 생각이나 몰랐던 어휘의 뜻 적기

한국어라고 해서 모두 그 뜻을 아는 것은 아닙니다. 특히 전문용어가 나오면 검색해서 그 뜻을 알고 넘어가야 합니다. 읽다 보면 나를 설레게 하는 그런 문장이 나올 수 있습니다. 그냥 읽고 버리기에는 너무 아까운 명문장 말입니다. 영화, 드라마에도 명대사들이 나오잖아요. 책에도 그런 문장이 나올 때가 있어요. 그럼 놓치지 말고 붙잡아 두어야지요. 형광펜으로 색칠을 하고 포스트잇으로 표시해 놓아 다음에 꼭 한 번 더 그 부분을 찾아봐야 합니다.

좋아하는 책이라고 해서 저자의 생각이 나와 일치한다는 보장은 없습니다. '응? 뭐지? 왜?'라는 생각이 들 때가 있어요. 저자에게 대화하듯이 질문을 던져 보세요. 날카롭게 질문할수록 여러분의 사고는 더욱 확장됩니다. 질문하는 것이 저자에게 태클을 건다거나 악성 댓글을 다는 것도 아닌데, 저자의 생각을 졸졸 따라갈 필요는 없습니다. 호기심을 가지고 그 질문을 던지세요. 그리고 그 질문에 대한 나의 생각을 적어 봅시다.

셋째, 책을 읽고 요약하는 습관 기르기

책 전체를 요약하기 힘들다면 단원별로 요약하는 것도 괜찮습니다. 누군가에게 보여주기 위한 요약이 아니라면 부담 없이 요약해 보세요. 자꾸 하다 보면 근사한 책 리뷰가 탄생할 거예요. 리뷰를 노트에 적으면 독서노트가 되고, SNS에 올리면 온라인 서평이 됩니다. 처음에는 이런 독서가 어려울 수 있어요. 그럼 독서카드는 어떤가요? 날짜, 제목, 저자, 요약, 나의 생각 등을 몇 줄로 간단히 적기부터 시작합니다. 나중에 다시 보면 '1년 전에 이런 책을 읽었었구나.' 하면서 기억이 생생하게 떠오를 거예요.

소중한 책이지만 마치 손대지 않은 것처럼 깨끗하게 모실 필요는 없답니다. 글을 읽으며 떠오른 생각의 흔적을 남겨 보세요. 밑줄도 치고, 포스트잇도 붙이고, 나의 생각도 끄적이면서 나만의 책을 만들어 가는 겁니다.

꿈을 찾는 10대를 위한 진로 노트

★ 작은 실천을 위한 꿈의 기록

1. 서점을 둘러보세요. 여러분은 책 여행을 하는 겁니다. 한 권을 골라 집으로 오세요. 천천히 읽으면서 나만의 책을 디자인해 보세요. 준비물은 연필, 펜, 포스트잇, 노트 등이에요. 어떤 책을 골랐는지, 내용은 무엇인지 간략히 적어 보세요.

2. 유명한 인물들의 독서법을 조사해 보세요. 나에게 맞는 독서법을 찾아 실천해 보세요.

이름	
영향을 준 책	
독서법	
예시 인물) 에이브러햄 링컨, 세종대왕, 빌 게이츠, 일론 머스크, 정약용, 버락 오바마, 오프라 윈프리, 레오나르도 다빈치, 알베르트 아인슈타인 등	

★ 함께하면 좋은 영상

EBS 문해력 프로젝트를 소개합니다
https://www.youtube.com/watch?v=M5ymhv2_QYc

적는 자만이
살아남는다

'적자생존survival of the fittest'이란 환경에 적응하는 생물만이 살아남고, 그렇지 못한 것은 도태되어 멸망하는 현상을 말합니다. 영국의 사회진화론자인 허버트 스펜서Herbert Spencer가 주장했습니다. 그런데 또 다른 의미의 '적자생존'이 있습니다. '적는 사람만이 살아남는다'라는 뜻이지요. 일종의 언어유희입니다. 성공한 사람들 대부분이 성공의 비결로 읽기와 쓰기를 꼽습니다. 그래서 많이 쓰라는 의미에서 '적자생존'이라는 신조어가 생겨났습니다.

빌 게이츠, 아이작 뉴턴 등 천재들의 공통점

레오나르도 다빈치, 알버트 아인슈타인, 리처드 파인만, 아이작 뉴턴, 다산 정약용, 볼프강 아마데우스 모차르트 등은 모두 '천재'라는 별명을 가진 인물들이죠. 이들의 공통점이 또 하나 있어요. 바로 메모의 달인들이었다는 사실입니다. 이들은 메모를 함으로써 '적자생존'하였고, 앞으로도 그들의 메모 능력은 책이나 영상 등을 통해 계속 전해질 것입니다.

1994년, 빌 게이츠는 인류의 위대한 천재 중 당당히 1위에 올라가 있는 레오나르도 다빈치의 노트를 구매했습니다. 금액은 무려 3,080만 달러. 우리 돈으로는 340억입니다. 노트 한 권 가격치고는 비싸도 너무 비싸지요. 빌 게이츠가 자신의 막대한 부를 과시하려고 샀을까요? 그건 아닙니다. 이 노트를 박물관에 빌려주기도 하고, 스캔하여 세상에 공개했으니까요. 다빈치 노트의 가치는 기록을 통해 생각을 확장하는 과정을 보여 준다는 데 있습니다. 컴퓨터 천재 빌 게이츠도 세상에 대한 궁금증과 호기심으로 가득 찼던 그 노트에서 영감을 받고 싶었을 것입니다.

현재 남아 있는 그의 메모 기록은 7천 페이지가 넘는다고 합니다. 실제로 책을 만들어도 엄청난 높이가 될 것입니다. 종이가 귀한 시절이라 글씨도 작고 촘촘하게 썼습니다. 재미있는 것은 자신의 생각을 남들이 알아보기 힘들도록 했습니다. 거울을 통해서만 제대로 글을 읽을 수 있도록 썼다고 하네요.

동전의 옆면을 보면 보통 톱니바퀴 무늬가 새겨져 있어요. 그 창

시자가 바로 아이작 뉴턴입니다. 당시 동전을 만들던 재료가 금과 은이었습니다. 약삭빠른 사람들은 동전의 옆면을 갈아서 금과 은의 가루를 만들어 팔았습니다. 그래서 동전에 톱니바퀴를 넣었지요. 만약 톱니바퀴가 없으면 동전을 갈았다는 뜻이고, 정상 화폐가 아니라는 걸 알 수 있을 테니 말이죠. 영국이 자랑하는 천재 과학자 아이작 뉴턴도 메모의 달인으로 꼽힙니다. 일평생 그의 손에서 노트가 벗어난 적이 없었대요. 머릿속에 떠오르는 아이디어를 노트에 기록했고, 방대한 분량의 노트를 남긴 것으로도 유명합니다. 그의 노트에는 읽은 책, 질문 내용, 생각 등이 상세히 드러나 있고, 그렇게 정리한 노트들을 버리지 않고 모아 두는 습관이 있었습니다.

노트 정리가 꼭 필요한 이유

노트 정리를 하면 어떤 이점이 있을까요? 왜 노트 정리를 해야 할까요?

첫째, 몰입의 경험

공부에 몰입할 수 있다면 어려운 과목도 그나마 할 만합니다. 그게 가능한가 하는 의구심이 든다면 좋아하는 펜과 노트를 꺼내 적어 보세요. 책을 그대로 베끼는 과정은 노트 정리가 아니죠. 읽으면서 중요하거나 내가 몰랐던 것을 나만의 언어로 차근차근 적는 것이 노트 정리입니다. 나만의 약어나 기호를 활용해 보기 쉽게 적는 과정에서 성취감도 느낄 수 있습니다. 노트 정리를 할 때는 글자만 적는 것은 아닙니다. 도표나 그림을 그리거나 때로는 문제를 오려서 붙일 수도 있어요. 정말 중요한 부분이라면 형광펜, 스티커, 포스트잇 등도 활용합니다. 눈으로 보고 양손으로 도구를 만지면서 뇌는 계속 활동합니다. 본인이 공부하고 있다는 생각은 잠시 잊어버리게 됩니다.

둘째, 오래 기억에 남는다

머릿속에서 사라질 위기에 놓인 수업 내용을 구출하는 겁니다. 수업을 들을 때는 영원히 기억할 듯하지만 몇 분 지나면 다 사라집니다. 그래서 기록하는 것입니다. "기록은 기억을 지배한다."라는 말이 있지요. 노트 정리는 휘발된 기억을 되돌려주는 도구입니다. 머리 싸매고 공부했건만 며칠 지나니 기억이 안 나죠? 시험일은 다가오고, 공부할 분량도 많은데 발만 동동 구르고 있어야 할까요? 에라 모르겠다 포기할 건가요? 이때 내가 정리한 노트는 구세주입니다. 시험을 앞두고 요점만 정리해 둔 중요한 자료입니다. 수업 시간에 강조한 내용을 적었거나 표시해 두었다면 시간을 절약할 수 있습니다.

하얀 노트 위에는 생각의 파노라마가 펼쳐집니다. 색색깔의 필기구가 그리는 합작품이에요. 노트 정리를 하면서 머릿속에만 숨어 있던 지식이 드디어 분출됩니다. 시간이 걸리고 다소 귀찮을 수도 있지만 해야 하는 작업이지요.

셋째, 성취감도 뿌듯함도 UP!

"내가 이렇게 열심히 공부했구나."라며 스스로 칭찬도 해주고 내가 쓴 글자들을 따라가다 보면 기억이 새록새록 나면서 자신감이 붙습니다. 어차피 힘든 공부지만 남들보다 더 즐겁게 할 수 있다면 좋겠지요. 공부의 신들도 이런 식으로 공부를 즐거운 놀이로 만들었습니다.

나에게 맞는 노트 정리법 찾기

그럼 본격적으로 노트 정리에 돌입해 볼까요? 굳이 성공한 사람들을 들먹이지 않아도 여러분 주위에 메모를 잘하는 학생들이 있을 거예요. 그들을 잘 관찰해 보세요. 자신감이 있고, 눈빛이 반짝거립니다. 선생님과 교감하며 수업을 주도합니다. 그 비결 중 하나가 바로 메모입니다.

친구의 노트를 베끼거나 복사한다고 내 것이 되는 건 아닙니다. 친구의 노트는 자기만의 방식으로 정리한 거라 나의 뇌가 따라가기 힘들어요. 마치 외국어로 정리한 것 같은 느낌이 들 수도 있어요. 번역기가 외국어를 한국어로 번역했을 때 느낌이 잘 살지 않는 것처럼 친구의 노트는 나와는 맞지 않는 옷이에요.

전교 1등의 노트정리를 그대로 따라할 필요는 없어요. 사람마다 성격이 다르듯 공부법도 다 다르기 때문이에요. 특정한 노트 양식이나 방법을 정해 놓고 무조건 끼워 맞추면 금방 싫증이 납니다. 모두의 필체가 다르듯이 노트 정리법도 개인마다 다릅니다. 한 교실에 20명이 있다면 20명 모두 나름의 정리에 대한 세계관을 가지고 있어요. 지금부터 몇 가지 노트 정리법을 소개할 테니 자신에게 맞게 응용해 보세요.

1. 자기 맞춤형 교과서 만들기

교과서나 참고서를 정독하면서 학습 내용의 큰 틀을 이해합니다. 큰 틀이 잡힐 때까지 반복해서 읽습니다. 밑줄도 치고, 형광펜도 사용해 보세요. 거의 모든 문장에 밑줄을 긋는 학생이 있어요. 읽을 때는 다 중요한 듯 보였겠지만 교과서가 시커멓게 변해서 정작 시험기간에는 제대로 활용하지 못합니다. 형광펜은 키워드에만 사용해야 합니다. 형광펜을 남발했다가는 교과서가 서울의 야경처럼 반짝반짝 빛나기만 할 뿐입니다. 적당한 선에서 밑줄과 형광펜을 사용하는 노하우는 공부하는 과정에서 발전합니다. 여러 번 읽고 내용이 구조화되었다면 노트 정리를 시작합니다. 대단원의 제목을 적습니다. 소단원은 핵심 내용을 한두 단어로 압축해서 정리합니다. 화살표 등의 기호를 사용해 인과관계를 설명하고, 긴 문장은 짧게 압축합니다. 이렇게 정리하다 보면 손으로 만든 자신만의 교과서를 만들 수 있어요.

가끔은 타이핑을 치기도 하는데, 좀 힘들어도 손으로 직접 쓰는 것이 효과적입니다. 공부라는 건 새로운 지식을 습득해서 내 것으로 만들어 가는 과정입니다. 뇌에 온 힘을 집중해야 하고, 그걸 도와주는 것이 다른 신체 기관들이죠. 많은 감각이 서로 연결되어 있어서 손으로 직접 쓰는 행동은 뇌가 활발히 활동하도록 돕습니다.

그냥 교과서를 들고 달달 외우려고 하지만, 교과서는 내가 쓴 글이 아니라 잘 외워지지 않아요. 노트 정리는 내가 쓴 글입니다. 글을 쓰기 위해서는 생각을 하게 됩니다. 뇌에서는 어떤 것을 정리할 것인지 선별합니다. 또한 노트 정리를 하는 과정에서 공부했던 것을 돌아보며 복습하게 됩니다.

여기서 주의할 점이 있어요. 노트를 꾸미는 데 집착하는 학생이 간혹 있어요. 주객이 전도된 거죠. 다이어리 꾸미듯이 예쁘게 색색깔 펜으로 작성하고 스티커도 붙이면서 말이죠. 공부의 재미를 붙일 수 있다면 나쁘지 않은 방법입니다. 공부하기 위해 책상 앞에 앉아야 하는데, 노트를 꾸미고 싶어 공부를 한다면 그것도 하나의 요령이긴 합니다. 하지만 여기서 더 나아가 노트 꾸미기가 아닌 내용에 집중해야 합니다. 노트 정리의 궁극적 목적은 교과 내용을 이해하고 암기하기 위해서니까요.

2. 오답노트 작성하기

오답노트의 효과는 수학에서 강력한 힘을 발휘합니다. 자주 틀리는 유형의 문제가 무엇인지 오답노트만 봐도 금방 알 수가 있기 때문입니다. 투자한 시간만큼 성적이 오르지 않는 수학은 가성비가 너무 떨어지는 과목입니다. 그러니 중학교 때부터 '수포자'가 대거 등장합니다. 수포자가 아니라 수능자(수학 능력자)가 되기 위해 오답노트부터 시작해 보세요. 작성 방법과 활용법은 이렇습니다. 물론 수학에만 적용되는 건 아니랍니다.

① 문제집 또는 시험 문제를 풀다가 잘 몰라서 찍은 문제, 틀린 문제를 노트에 적습니다. 다 적기가 불편하면 문제를 오리거나 복사해서 붙입니다. 한 페이지에 한 문제만 적고 여백은 남겨 둡니다.

② 문제 옆에 틀린 원인을 적습니다.

③ 문제 아래에는 풀이과정과 정답을 기록하되, 직접 풀어 봐야 합니다.

④ 문제풀이에 필요한 키워드는 형광펜, 빨간펜 등으로 표시해 둡니다.

⑤ 시험기간에는 오답노트를 보고 완전히 해결되었는지 확인합니다.

⑥ 수학 오답노트는 풀이과정을 생략하지 말고 상세히 적어야 합니다.

3. 백지 활용하기

여기서 백지는 A4 용지, 연습장, 노트 모두 가능합니다. 배우거나 암기한 것을 확인할 때 쓰는 방법입니다.

① 종이 위에 표를 그립니다.

  예시) 3×3, 5×5 정사각형 빙고판, 2×8 직사각형 표

② 각 칸에는 외워야 할 키워드를 적습니다.

  예시) 한국사 근대사 키워드: 신미양요, 강화도조약, 임오군란 등을 빈칸에

  적습니다.

③ 책을 덮고 생각나는 부분을 키워드 아래 또는 옆에 적습니다. 또박또

  박 적을 필요 없이 자유롭게 적으면 됩니다.

④ 책을 펼쳐 자신이 적은 내용과 일치하는지 확인합니다.

빈칸을 채우고 확인하는 과정에서 외우지 않아도 저절로 암기가 되는 마법을 경험하게 될 것입니다.

가장 무난한 것은 빙고판 모양입니다. 개성을 살리고 싶다면 다른 모양도 괜찮습니다. 저는 꽃이나 나무를 그리고 그 안에 배운 내용을 차근차근 적기도 했답니다. 나중에 다시 보면 나만의 작품이 완성되어 있어 공부의 재미가 저절로 생깁니다.

노트 필기는 학습 효과를 높이기 위해 하는 것입니다. 그냥 꾸미기 위한 노트 필기는 아무런 가치가 없습니다. 나에게 맞는 필기법은 시행착오가 필요합니다. 필기를 안 해본 상태에서는 어떤 방법이 나에게 맞는지 잘 모릅니다. 핵심 내용을 정리하고, 교과서와 문제집을 참고하여 빠진 부분은 첨가하며 나만의 핵심 노트 필기법

을 스스로 찾아보세요.

　노트 정리를 하려면 도구가 필요합니다. 예민한 손을 가진 학생은 펜을 선택할 때도 신중하지요. 손에 쥐었을 때 힘이 덜 들어가고 부드럽게 쓰여야 하거든요. 필기도구도 깐깐하게 챙겨서 공부할 태세를 갖추는 것이 기본입니다. 집에서 쓸 것과 학교에서 쓸 것을 구분해서 두면 학교갈 때 따로 챙기지 않아도 됩니다. 사물함에 두고 쓰면 혹시나 필통을 두고 왔을 때도 요긴하게 쓸 수 있어요. 노트 정리는 볼펜으로 하는 것이 좋습니다. 연필을 사용하면 희미하고, 잘 지워지기 때문이지요.

　지금까지 시험 대비를 위한 노트 정리법을 소개했는데 우리는 공부만을 위해 메모를 하는 건 아니지요. 예능 프로그램 〈옥탑방의 문제아들〉에 나온 문제인데요, 한번 풀어보세요.

　팀 페리스는 베스트셀러 작가 겸 팟캐스트 운영자입니다. 이미 베스트셀러 작가로 이름이 알려졌기 때문에 그가 운영하는 팟캐스트에 유명인들을 초청할 수 있었어요. 알랭 드 보통, 파울로 코엘료와 같이 이름난 작가부터 아놀드 슈워제네거 같은 할리우드 배우도 출연했습니다. 3년 동안 200여 명의 유명인을 인터뷰하며 성공한 사람의 공통점을 발견했다는데요. 여기서 문제 나갑니다. 어려움이 닥쳤을 때 '이 습관'을 들이면 이겨낼 힘이 생긴답니다. 상위 1% 유명인들이 슬럼프를 극복하는 비법으로 정답은 '자신이 과거에 무언가 성취했던 경험을 일기나 메모에 기록해 두기'였습니다. 물론 아무리 사소한 성취여도 상관없습니다. 이들은 일이 마음대로 흘러가지 않을 때 자신이 적은 이 기록을 펼쳐 보았다고 합니다. 그러면 슬럼프에 빠져 무기력해진 마음을 다잡을 수 있었다고 해요.

이처럼 공부 노트 말고도 아이디어를 적어 놓는 연습장이나 독서기록장, 일기장 등 다양한 메모를 통해 자신의 스토리를 만들어 보세요. '몽당연필이 뛰어난 기억력보다 낫다.'고 했습니다. 좋은 생각도 생각만으로는 아무것도 할 수 없어요. 아이디어를 저축한다 생각하고 꼭 적어 놓길 바랍니다.

꿈을 찾는 10대를 위한 진로 노트

★ 작은 실천을 위한 꿈의 기록

위에서 설명한 노트 정리법 외에 나에게 적당한 메모 방법이 있으면 적어 보세요. 또는 노트 정리법, 필기법, 메모 잘하는 법 등으로 검색해 보고 어떤 방법들이 있는지 살펴본 후 내가 실천할 수 있는 방법을 적어 보세요.

★ 함께하면 좋은 영상

오답퍼레이드 속 억울우종 소환시킨 성공한 상위 1% 유명인들의 슬럼프 극복 비결은?:
<옥탑방의 문제아들>(KBS 200922 방송)
https://www.youtube.com/watch?v=vYMatEv-q1s

이과 내신 1.0의 개념 노트 정리법 공개!: 연고티비
https://www.youtube.com/watch?v=DZIwbBdagDA

시테크로
술술 새는 시간을 잡는다

'신이 내린 가장 큰 선물'은 무엇일까요? 사람마다 다양한 답변을 하겠지만 저는 '시간'이라고 생각합니다. 누구에게나 공평하고, 하루라는 통장에 꼬박꼬박 24시간이 채워집니다. 시간은 꼬불꼬불 가지 않고 앞으로만 직진합니다. 과거로 돌아갈 수도 없습니다. 하지만 개인마다 체감하는 시간의 양과 속도는 다릅니다. 시간은 일정한 속도로 흘러가는데, 결국 쓰는 사람에 따라서 10분이 되기도, 10시간이 되기도 합니다.

모두에게 공평하게 하루 24시간이라는 절대적 시간이 주어지지만, 시간은 불공평하고도 상대적입니다. 의식하지 못하고 지나치지만 여러분도 모두 경험해 보았을 거예요.

제가 수알못(수학을 알지 못하는 자)이니 수학을 예로 들게요. 수학 시간 선생님의 해설은 불면증도 치료하는 수면제나 다름없죠. 무거워진 눈꺼풀을 위로 치켜올려도 계속 내려옵니다. 수학 시간에만 왜 이리 시간이 더디게 가는지, 계속 애꿎은 시계만 쳐다봅니다. 중간고사 수학 시험. 나름 문제집 풀면서 공부했는데, 해설지도 읽어 보고 이해했는데, 답이 나오지 않습니다. 아무리 쳐다봐도 내가 푼 답이 번호 안에 없어요. 절반도 채 풀지 않았는데 벌써 답지에 마킹하라는 선생님. 수학 시험 시간은 또 왜 이렇게 짧은 것인지.

재테크는 돈을 관리하는 기술입니다. 부자가 되기 위해서는 필수죠. 그럼 시테크는 무엇일까요? 국어사전에는 없는 단어인데요. '시간을 효율적으로 사용하는 기술'을 일컫는 말입니다. 성공한 사람들은 이른바 시테크의 달인들이었습니다. 특히 세계에서 가장 바쁜 인물, 빌 게이츠는 철저한 시간 관리 습관으로 유명합니다. 하루 일정을 분 단위로 관리합니다. 심지어 악수하는 시간까지 계획할 정도로 치밀하다는데요. 2008년 한국을 방문했을 당시, 대통령과 만찬을 한 뒤 호텔에서 연설을 하고, 자동차 기업과 기술개발을 위한 제휴 협약을 체결하고 바로 일본으로 떠났습니다. 한국에 겨우 4시간 30분을 머무르는 동안 이 모든 것을 했다는 거죠. 길에 2달러 지폐가 떨어진 것을 보고도 줍는 시간이 아까워 그냥 지나쳤다는 일화도 있습니다.

효율적 시간 관리를 위한 자기계발서 『442시간 법칙』에서는 빌 게이츠와 일론 머스크의 시간 관리 방법을 소개하고 하루를 어떻게 쪼개서 활용하는지 알려 줍니다. 빌 게이츠가 1초 동안 벌어들이는 돈은 15만 원 정도, 시간당 5억 원 정도를 벌어들입니다. 시간이 곧 돈인 사람이죠. 일론 머스크는 매일 1시에 자고 아침 7시에 기상하여 그날 해야 할 일 중에서 가장 중요한 일을 우선순위에 두며, 일을 하는 동안에는 메일 확인이나 전화 통화 같은 불필요한 행동은 하지 않는다고 합니다.

2만 5천 달러짜리 시간 관리의 비법, 우선순위

베들레헴 철강의 회장이었던 찰스 슈왑Charles Schwab은 항상 시간이 부족했습니다. 해야 할 일은 끝이 없고, 조급한 삶을 살았습니다. 더 이상 견디기 어려웠던 찰스 슈왑 회장은 당대 최고의 컨설턴트 아이비 리Ivy Lee에게 조언을 요청했어요. 아이비 리는 백지 한 장을 꺼내서 무언가를 적기 시작했습니다. 얼마 후 아이비 리는 종이를 찰스 슈왑 회장에게 주면서 '시간 관리의 비법을 적어 놓았으니, 효과가 있다면 컨설팅 비용을 달라'고 했습니다.

3개월 후 찰스 슈왑 회장의 고민은 사라졌습니다. 그리고 아이비 리에게 컨설팅 비용으로 2만 5천 달러짜리 수표를 보냈습니다. 아이비 리가 알려준 계획 비법은 무엇이었을까요?

- 매일 아침 종이에 오늘 꼭 해야 할 일 10개를 적는다.
- 해야 할 일 옆에 중요한 일의 순서대로 1~10까지 번호를 적는다.
- 무조건 1번부터 순서대로 처리한다.
- 모든 일을 다 마치지 못했더라도 순서대로 했다면 그것으로 충분하다. 설사 1번의 일밖에 못 했다고 해도 상관없다. 가장 중요한 일을 했기 때문이다.

자, 여러분은 2만 5천 달러짜리 수표를 내지 않고도 컨설팅을 받은 것이나 마찬가지입니다. 오늘 해야 할 일의 순서를 정하기 바랍니다.

10대가 알아야 할 시간 관리

제가 별도의 컨설팅 비용 없이 시간 관리 비법을 알려드리겠습니다. 비용은 무료입니다.

첫째, to do list / not to do list 목록 작성하기

꼭 기억해야 할 점은 우선순위를 반드시 정해야 합니다. 우선순위를 정하지 않으면 바쁘게 살았는데 정작 한 것은 없다는 느낌이 들어요. 또한 중요한 일을 놓칠 수 있습니다. 우선순위를 정하는 기준은 자신의 역할과 목표에 따라 달라집니다. 학생이라면 기본은 공부가 되겠죠. 예를 들면, 시험 기간에는 학교 시험 공부를 우선순위에 두어야 합니다. 시험이 코앞인데 여유 있게 독서나 게임을 즐길 수는 없습니다. 시험 치는 날짜와 과목을 염두에 두고 해야 할 일의 목록을 적어야겠지요. 우선순위를 정할 때는 결단력도 필요합니다. 필요 없는 것은 과감히 버립니다. 여러 일을 해야 하는데 시간이 없다면 그중 일부만 선택해서 목록을 정하고 그것에 집중해야 합니다.

둘째, 멀티태스킹 금지

멀티태스킹이란 원래 컴퓨터 용어입니다. 하나의 컴퓨터가 동시에 여러 작업을 수행하는 것을 뜻하죠. 사람이 멀티태스킹을 하면 어떻게 될까요? 두뇌를 쓰지 않는 간단한 일은 멀티태스킹이 가능합니다. 걸으면서 음악을 듣거나 설거지하면서 유튜브를 보는 것 정도는 가능하지요. 하지만 집중해서 머리를 써야 할 때는 멀티태스킹이 오히려 독이라고 합니다. 여러 개를 한꺼번에 하다가 여러 개를 망치는 꼴이 되고 말죠. 음악을 들으면서 공부하는 것도 좋은 습관이 아닙니다. 수학 시간에 영어 숙제를 하는 것도 수학, 영어 모두 망치는 길입니다. 뇌만 지치게 만들 뿐이에요. 정말 시간을 잘 활용하고 싶다면 한 번에 하나에 집중해야 합니다.

셋째, 시간도둑 잡기

5만 원이 들어 있는 지갑을 잃어버렸다고 생각해 보세요. 교실에 두었는데 없어졌으니 누가 가져갔는지 찾고 싶겠죠. 정말 속상합니다. 그럼 시간을 잃어버린다면 어떻겠어요? 5만 원어치의 시간을 가져가는 도둑이 있다고 생각해 봅시다. 잡아야겠지요. 대체로 시간도둑은 외적 요인과 내적 요인으로 나눌 수 있습니다. 외적 요인은 친구의 방해, 소음, 갑작스런 사건 등 나의 의지와는 상관없는 요인입니다. 내적 요인은 무기력한 태도, 우유부단함, 미루는 습관, 쓸데없는 걱정, 불분명한 목표, 실행력 부족 등 내 마음과 관련된 요인입니다.

시간을 뺏어가는 외적 요인은 충분히 차단할 수 있습니다. 일정 시간 동안 내가 공부하는 시간임을 알리고, 독서실이나 도서관 등 조용한 장소를 활용하면 됩니다. 하지만 내적 요인을 제거하기 위해서는 엄청난 자기 절제력이 필요합니다. 결국, 시간을 뺏어가는 도둑은 자기 자신입니다.

학생들의 시간을 훔쳐가는 범인 1순위는 스마트폰입니다. 스마트폰의 위력에 속절없이 당합니다. 스마트폰이 내 시간을 훔쳐 가게 내버려 두면 안 됩니다. 공부할 시간을 정해 두고 스마트폰을 끄거나 눈에 띄지 않는 먼 곳에 두어야 합니다. 단체톡에서 의미없는 문자로 소리가 나면 집중하기가 힘들어지지요. 공부는 해야 하는데 스마트폰을 만지작거리고 있는 자신이 한심하다면 일정 시간만

이라도 스마트폰과 이별을 해 보기 바랍니다.

미루는 습관도 소중한 시간을 뺏어갑니다. 다이어리, 스케줄러에 해야 할 일의 목록을 적는 것도 중요하지만, 더 중요한 것은 해야 할 일은 지금 바로 해 버리는 것입니다. 머릿속으로 생각만 하는 것은 아무 의미 없습니다. 지금 바로 움직여야 합니다. 스마트폰을 통제할 수 있고, 미루는 습관만 없앤다면 하루 24시간을 48시간으로도 만들 수 있습니다.

넷째, 아침 시간 활용하기

요즘 2030세대에게 '갓생'이 트렌드라고 합니다. 자아실현을 위해 목표를 세운 뒤 이를 실천하면서 성취감을 얻는 것이죠. 심지어 이른 새벽에 일어나 시간을 허투루 쓰지 않고 운동, 독서, 명상 등을 하는 '미라클 모닝'도 유행하고 있습니다. 미라클 모닝이란 이른 아침 시간을 자기계발에 활용하는 것을 말합니다.

이런 열풍에 자기계발을 위한 각종 앱도 인기몰이를 하고 있고, SNS에 미라클 모닝을 수행하는 자신의 일상을 공유하기도 합니다.

'일찍 일어나는 새가 벌레를 잡는다The early bird catches the worm.' 여러분이 잘 아는 영어 속담이지요. 부지런해야 성공할 수 있다는 말입니다. 그래서인지 많은 사람들이 아침 챌린지에 동참하고 있습니다. 아침잠이 많은 친구들은 불편한 현상이겠지요.

'아침형 인간'이든 '올빼미형 인간'이든 집중이 잘되는 시간에 공부하는 것이 효율적이긴 합니다만, 아침을 활기차게 시작하면 많은 장점이 있습니다. 베개에서 머리를 떼어 내는 것이 하루 일과 중 가장 고통스러운 사람들이 있어요. 알람을 이중삼중으로 맞춰 놓고 어머니의 무서운 목소리가 천둥처럼 들려도 눈꺼풀이 올라가지 않습니다. 겨우 지각만 면할 정도로 눈꼽만 떼고 학교로 출발합니다. 예쁘게 단장도 못하고, 밥은 먹는 둥 마는 둥 하죠. 아침 자습 시간 학생들의 모습은 마치 영혼이 가출한 유체이탈자 같아요. 몸은 교실에 앉아 있으나 영혼은 다들 구천을 떠돌고 있는지 모셔오는 데 한참 걸립니다.

이런 학생들에게 하나의 솔루션을 제안합니다. 꼭 효과가 있으면 좋겠네요. 한번 실천해 보고 일찍 자고 일찍 일어나라는 잔소리는 더 이상 듣지 않으면 좋겠습니다.

① 알람을 좀 먼 곳에 두면 어떨까요? 손만 닿으면 끌 수 있는 곳이 아니라 적어도 이부자리를 박차고 나와 몇 발자국이라도 걸어야 하는 곳에 두면 효과적이에요.

② 아침에 일어나서 해야 할 일의 목록을 적어 두는 것입니다. 또 자기 전에 해야 할 일을 생각해 놓으면 자면서도 뇌가 그 기억을 지니고 있어 아침에 가뿐하게 일어날 수 있어요.

이렇게 활기찬 아침을 강조하는 이유가 있습니다. 시간에 쫓겨

혁혁대면 금세 지쳐 힘겹게 하루를 시작하게 됩니다. 무기력해지고 피곤합니다. 하루 일과에 큰 영향을 줄 수 있습니다. 하지만 공부 습관이 잘 잡힌 학생들은 시간을 잘 지킵니다. 등교 시간보다 일찍 도착해서 하루의 일과를 점검합니다. 과제나 수행평가가 있다면 미리 준비합니다. 자습 시간에 어떤 과목을 공부할지 계산합니다. 하루의 시작이 꼬이지 않습니다.

지금껏 시간을 허투루 보내지 말라고 이야기하고 있지만 초조하게 생각할 필요는 없습니다. 긴장하면서 보내라는 말도, 시간을 낭비했으니 죄책감을 느끼라는 말도 아닙니다. 남의 시간과 내 시간을 비교하지도 마세요. 나에게 주어진 시간을 잘 쓰면 됩니다. 아래는 인터넷에서 많은 사람들에게 위로를 준 작자 미상의 글입니다.

뉴욕은 캘리포니아보다 3시간 빠릅니다.
하지만 그렇다고 캘리포니아가 뒤처진 것은 아닙니다.

어떤 사람은 22세에 졸업했습니다.
하지만 좋은 일자리를 얻기 위해 5년을 기다렸습니다.

어떤 사람은 25세에 CEO가 됐습니다. 그리고 50세에 사망했습니다.
반면 또 어떤 사람은 50세에 CEO가 됐습니다. 그리고 90세까지 살았습니다.

어떤 사람은 아직도 미혼입니다. 반면 다른 어떤 사람은 결혼을 했습니다.

오바마는 55세에 은퇴했습니다. 그리고 트럼프는 70세에 시작했습니다.

세상의 모든 사람들은 자기 자신의 시간대에서 일합니다.

당신 주위에 있는 사람들이 당신을 앞서가는 것처럼 느낄 수 있습니다.

어떤 사람들은 당신보다 뒤처진 것 같기도 합니다.

하지만 모두 자기 자신의 경주를, 자기 자신의 시간에 맞춰서 하고 있는 것뿐입니다.

그런 사람들을 부러워하지도 말고, 놀리지도 맙시다.

그들은 자신의 시간대에 있을 뿐이고, 당신도 당신의 시간대에 있는 것뿐입니다.

인생은 행동하기에 적절한 때를 기다리는 것입니다.

★ 작은 실천을 위한 꿈의 기록

1. "직장인들은 시간을 월급과 바꾸고

   강연에 참석한 사람들은 시간을 통찰력과 바꾸고

   공부하는 사람들은 시간을 지식으로 바꾼다."

   라고 했습니다.

   여러분은 시간을 무엇으로 바꿀 수 있을까요?

    10분은 나에게 _____ 을/를 주고,

    1시간은 나에게 _____ 을/를 준다.

    1일 동안 나는 _____ 을/를 할 수 있고,

    1주일이면 나는 _____ 을/를 할 수 있다.

"오충용, 『힘내, 17살』 스노우폭스북스, 2020" 참고

2. 영어 속담에 'Time is money.'라는 말이 있습니다. 시간이 돈이라면 여러분의 시간은 얼마인가요? 선생님이 여러분의 시간을 산다면 얼마에 팔겠어요? 1시간을 돈으로 환산해 보면 얼마가 적당할까요? 오늘 낭비한 시간은 총얼마인가요? 시간을 돈으로 환산하면 내 시간이 얼마나 소중한지 느끼게 됩니다.

★ 함께하면 좋은 영상

하루를 48시간처럼 사는 사람들의 기록법
https://www.youtube.com/watch?v=5HLEkxSixEk

멀티태스킹은 일의 수행력을 갉아먹는 악마다?: 〈어쩌다 어른〉
https://www.youtube.com/watch?v=yB4enxOSCG4

모든 걸 포기한 N포 세대를 지나 Z세대는 '갓생' 추구: <방구석 1열> 184회(JTBC 211205 방송)
https://www.youtube.com/watch?v=iWBTDOwXmX4

꾸준함을
이기는 것은 없다

우리 몸에서 수많은 정보를 처리하는 기관은 무엇일까요? 눈을 깜빡이는 것부터 숨쉬기, 말하기, 걷기까지 우리가 행하는 모든 움직임을 통제하는 이것, 바로 뇌입니다. 말랑말랑한 주름 덩어리가 내 일상을 지배합니다. 사람은 하루 평균 6만 가지 생각을 한대요.

1킬로그램이 살짝 넘는 뇌는 대략 1천억 개 정도의 신경세포, 즉 뉴런으로 이루어져 있죠. 약 16만 킬로미터의 혈관이 존재해서 한 줄로 늘어놓으면 지구에서 달까지 거리의 절반 정도까지 된답니다.

탄탄한 식스팩을 가진 연예인들이 날로 늘어나고 있습니다. SNS로 자신의 근육을 스스럼없이 보여 줍니다. 그런 분위기 때문인지 일반인들도 몸매 가꾸기에 관심이 많아졌죠. 학생들의 희망 직업도 사회적인 트렌드를 반영합니다. 트레이너가 되고 싶다는 친구들이 많아졌어요. 여름방학 후 개학 날 갑자기 몸이 벌크업 된 학생도 있어서 깜짝 놀랐습니다.

〈런닝맨〉에 출연하는 김종국은 운동과 사랑에 빠진 모습을 종종 보여 줍니다. 함께 출연하는 연예인들도 울퉁불퉁한 김종국의 근육을 보면 흠칫 놀랍니다. 이런 김종국도 무서워하는 것이 있습니다. 근손실입니다. 건강한 몸을 만들기 위해 금요일도 반납하고 헬스장에서 살았다는데, 근손실은 생각도 하기 싫겠지요. 땀 흘려가며 운동한 사람들에게 근손실은 피와 살을 내주는 거나 다름없을 겁니다. 식이요법으로 먹고 싶은 것도 참았고, 소파에 앉아 편안하게 쉬지도 못했을 테니까요.

몸을 단련하기 위해 이토록 각고의 노력과 관심을 기울인 만큼 뇌를 단련하는 데도 신경을 쓴다면 더더욱 좋을 겁니다. 헬스장에서 몸을 훈련하듯이 뇌도 훈련해야 합니다.

뇌의 근손실을 멈춰라

뇌를 정신의 근육이라고 생각하고 훈련하면 어떨까요? 뇌 과학자들은 실제 연구를 통해 뇌의 신경은 변화하는 성질이 있다는 것을 밝혀냈습니다. 이를 '신경가소성neural plasticity'이라고 하는데요. 우리의 신경 경로는 일평생 끊임없이 변합니다. 청소년 시기까지 가장 활동적으로 신경 경로가 생겨나지만, 그 이후에도 새로운 언어나 운동 기능, 기술을 습득할 수 있는 신경 경로가 만들어집니다. 신경가소성과 관련하여 중요한 2가지 규칙이 있어요.

규칙 1. Fire together, wire together(함께 발화하는 뉴런은 서로 결합한다).

신경세포들이 전기화학적 신호를 주고받으면 이들 간에 새로운 연결망이 생기는데, 이것이 학습의 과정입니다.

규칙 2. Use it or lose it(사용하지 않으면 잊는다).

새로 배운 것을 연습하지 않으면 회로는 약화되고 급기야는 소멸된다는 것을 의미합니다. 사람들이 많이 다니는 길일수록 폭이 넓어지고 선명해지지만, 다니지 않으면 잡초가 무성해져 서서히 흔적이 없어지는 것과 같은 원리죠.

"나는 머리가 나빠서 안 돼."

"난 원래 산만해서 집중을 못 해."

"노력하나 안 하나 어차피 내 등수는 고정이야."

"쟤는 금수저라 집에서 받쳐 주니 1등, 나는 흙수저라 가진 거 없어 꼴찌."

이런 생각이 잠시라도 내 머릿속에 머물러 있다면 빨리 쫓아내기 바랍니다. 이는 여러분의 뇌를 갉아먹는 기생충이라 할 수 있죠. 오래 머물수록 여러분의 뇌를 갉아먹을 것입니다.

재능을 탓하기 전에 꾸준하게 해 봐라

자기 분야에서 성공한 사람들을 보면 부럽습니다. 특히 젊은 나이에 영 앤 리치로 우뚝 선 스타들을 보면 더욱 자괴감에 빠집니다. 왜 나는 저런 재능이 없는지, 유전과 환경을 탓합니다. 노력해도 안 될 거라고 변명을 늘어놓습니다. 왜냐하면 '저 사람은 원래부터 천재'라고 생각해 버리면 내가 노력하지 않은 것을 정당화할 수 있으니까요. 심리학에서는 이를 '천재효과'라고 부릅니다. 천재효과는 재능 있는 사람이 성공했을 때, 그 과정에서 들인 노력은 외면하고 특별한 능력을 가진 것으로 과장하여 평가함으로써 자기의 자존심을 간접적으로 지키려는 태도입니다.

뉴턴이 정말 우연히 떨어진 사과 하나만으로 중력을 발견했을까요? 사실 뉴턴은 중력을 연구하느라 엄청난 시간을 보냈습니다. 노력도 남달랐습니다. 미친 사람으로 보일 만큼 연구에 몰두했어요. '하늘은 스스로 돕는 자를 돕는다.'라는 유명한 서양 속담이 있지요. 그의 노력을 보고 하늘에서 사과를 떨어뜨린 건 아닐까요?

"넌 머리가 나쁘니 성공하긴 힘들 거다."

세계적인 베스트셀러 『그릿』의 저자 앤절라 더크워스가 어릴 때 아버지에게 들은 말입니다. 이 말이 큰 트라우마로 남아 재능이 없어도 성공할 수 있음을 증명하고 싶었습니다. 결국 하버드 대학교 신경생물학과 수석 졸업, 옥스퍼드 대학교 신경과학과 석사, 펜실베이니아 대학교 심리학 박사 학위를 거쳐 마흔세 살에 마침내 맥아더상을 거머쥐게 됩니다. 맥아더상은 '천재들이 받는 상'으로 알려져 있지요.

그녀는 성공한 사람들을 연구했습니다. 과연 '머리가 좋은 사람만이 성공하는가'를 알고 싶었죠. 그녀의 연구 중 '런닝머신 실험'이라는 게 있습니다. 하버드 대학교 학생 130명에게 5분간 최대속력으로 달리게 했습니다. 5분 후 실험은 끝났고, 학생들은 일상으로 돌아갔습니다. 진짜 실험은 40년 후에 있었습니다. 당시 참가자들은 60세가 되었는데요. 이 중에 직업, 연봉, 행복도 등이 눈에 띄게 높은 사람들이 있었습니다. 이들의 공통점은 무엇이었을까요? 40년 전 런닝머신을 뛸 때 힘들어도 포기하지 않고 끝까지 뛴 학생들이었다는 거죠. 체력의 한계가 온 순간 몇 발자국이라도 더 뛰는가를 바탕으로 그릿 점수를 매겼는데요. 이 그릿 점수가 높은 사람이 40년 후에 삶의 만족도가 높았던 것입니다.

그릿(GRIT)은 Growth(성장), Resilience(회복력), Intrinsic motivation(내재적 동기), Tenacity(끈기)를 뜻합니다. 우리말로 하면 '끈기'에 가깝지만, 정확히는 '한계에 다다랐을 때 끝까지 밀어

붙이는 집념이나 목표지향성'을 '그릿'이라고 합니다. 지금 당장 힘들다고 멈추지 않고 끈기 있게 해내고자 한다면 미래에 큰 영향을 끼친다는 것을 알 수 있습니다.

'그릿'을 키우는 4가지 방법

그릿을 키우기 위해 우리가 당장 할 수 있는 일은 무엇일까요?

첫째, 소소한 성공을 자주 이루기

작은 일부터 끝내는 습관을 길러보는 것이지요. 예를 들면, 아침에 일어나서 이불 정리하기, 하루에 10분 책 읽기, 아침 자습 시간 공부해 보기, 친구에게 활짝 웃으며 인사하기, 선생님께 하루에 1개 질문하기 등이 있겠죠. 거창하고 하기 힘든 미션은 아니에요. 하지만 작은 일이라고 만만하게 보면 안 됩니다. 성공한 사람들은 작은 일부터 열심히 했습니다.

둘째, 스스로 결정하기

이런 경우를 생각해 보세요. 영어를 소홀히 했더니 영어 성적이 급하락했습니다. 학교에서 성적표를 받자마자 부모님의 무서운 얼굴이 떠오릅니다. 모기가 귓가에 앵앵거리듯이 잔소리가 들리는 것 같습니다. 성적 하락에 대한 책임을 지고 해결 방안을 찾기 시작합니다.

"엄마, 친구에게 물어보니 A 학원이 잘 가르친대. 그쪽으로 바꿔볼게."

"학원에서 공부한 것이 효과가 없나 봐. 인강 들으면서 혼자 해볼게. 대신 학원 가는 만큼 시간을 투자해야겠어."

분명 부모님도 어떤 해결책을 생각하겠지만, 내가 선택한 방법으로 하면 내 행동에 책임질 수밖에 없습니다.

셋째, 함께하기

스터디그룹을 만들어 정기적으로 모여 함께 공부하며 서로 질문하면 사고력과 발표력이 향상됩니다. 공부 자체가 즐거운 놀이가될 수 있습니다. 단, 조심할 것은 공부와 잡담을 철저히 구분해야합니다. 주말에 친구와 함께 스터디카페나 도서관에서 만나 공부하는 것도 좋은 방법입니다.

넷째, 자신을 믿고 부정적 마인드 바꾸기

성공이란 '끝까지 하는 것'입니다. 의외로 간단한데, 누구나 하지는 못합니다. 그래도 '나'는 할 수 있다고 생각하세요. 여러분도 할수 있습니다.

"쟤들은 넘사벽이야. 쟤들을 이길 수 없어."

"그냥 생긴 대로 살지 뭐."

"해도 안 될 거야."

앞으로 이런 생각 하지 않기로 약속해요. 이렇게 바꾸는 겁니다.

"세상에 넘사벽이 어디 있어? 내가 뛰어넘으면 돼."
"나에 대한 고정관념을 내가 바꾸어 주겠어."
"다른 사람 다 못 해도 나는 끝까지 가 보는 거야."

자, 생각을 바꾸었으면 습관도 하나씩 바꾸어 볼까요? 한꺼번에 다 바꾸지 말고 조금씩만 바꿔 봐요. 예를 들어 공부 스케줄을 짠다거나 수업 시간에 앞줄에 앉아 집중한다거나 시간을 정해 책 읽기를 꾸준히 해 보는 등 좋은 습관을 길러 보세요. 좋은 습관을 기르는 것이 쉬운 일은 아닙니다. 습관으로 굳어질 때까지 지속적인 노력이 필요하니까요.

『파리대왕』을 쓴 영국 소설가 윌리엄 골딩은 이 책으로 1983년 노벨 문학상을 받았습니다. 윌리엄 골딩이 처음부터 작가는 아니었습니다. 런던 빈민가에서 필경사로 일했다고 해요. 필경사란 손글씨로 글을 적는 일을 하는 직업입니다. 밤늦게까지 남의 책을 베끼는 일을 해야 했죠. 하지만 그는 그 일을 단순 노동이라며 하찮게 여기지 않았습니다. 의미를 부여하며 최선을 다했죠. 필경사 일을 바탕으로 마침내 『파리대왕』이라는 첫 소설을 발표했고, 무려 450

만 부나 팔리는 베스트셀러가 되었습니다.

'낙숫물이 댓돌을 뚫는다'라는 속담이 있습니다. 낙숫물은 지붕에서 똑똑 떨어지는 물을 말하죠. 댓돌은 집채의 앞뒤에 오르내릴 수 있게 놓은 돌층계를 말하는데요. 속력이 빨라진 낙숫물이 댓돌에 충격을 주면서 아주아주 조금씩 패입니다. 물론 우리 눈에는 안 보이죠. 지속적으로 계속 부딪치면 댓돌은 점점 더 많이 패여 나중에는 구멍이 뚫리는 거지요. 극히 미미한 힘이지만 축적되면 마침내 큰일을 이루게 되는 것입니다.

처음 마음먹은 대로 공부가 잘 안될 때 아래 글을 보며 마음을 다잡아 보세요. 하버드 대학교 도서관에 걸린 '명문 30훈'으로 알려진 글귀 중 일부입니다.

- 지금 잠을 자면 꿈을 꾸지만 지금 공부하면 꿈을 이룬다.
- 내가 헛되이 보낸 오늘은 어제 죽은 이가 갈망하던 내일이다.
- 늦었다고 생각했을 때가 가장 빠른 때이다.
- 오늘 할 일을 내일로 미루지 마라.
- 공부할 때의 고통은 잠깐이지만 못 배운 고통은 평생이다.
- 공부는 시간이 부족한 것이 아니라 노력이 부족한 것이다.
- 공부가 인생의 전부는 아니다. 그러나 인생의 전부도 아닌 공부 하나도 정복하지 못한다면 과연 무슨 일을 할 수 있겠는가.
- 피할 수 없는 고통은 즐겨라.

- 남보다 더 일찍 더 부지런히 노력해야 성공을 맛볼 수 있다.

- 성공은 아무나 하는 것이 아니다. 철저한 자기 관리와 노력에서 비롯된다.

- 미래에 투자하는 사람은 현실에 충실한 사람이다.

- 성적은 투자한 시간의 절대량에 비례한다.

★ 작은 실천을 위한 꿈의 기록

1. 정신 근육의 근손실을 막기 위해 이렇게 다짐해 볼까요?

나는 _____ .

그럼에도 불구하고 _____ .

2. 책상 위에 붙여 놓고 두고두고 곱씹을 만한 문구를 찾아보세요. 직접 작성해
도 좋습니다.

_____

_____

_____

★ 함께하면 좋은 영상

나이가 들어도 계속 공부해야 되는 이유 '신경가소성': 〈차이나는 클라스〉 171회
https://www.youtube.com/watch?v=hbiPR8puaU0

여전할 것인가, 역전할 것인가: 공부자극
https://www.youtube.com/watch?v=FMBudABkZWc

진로 찾기는
결과가 아닌 과정이에요

여러분 모두는 각자 개성을 지니고 있습니다. 다양한 경험을 통해 더욱 빛이 납니다. 우연히 친구가 던진 말에서 나의 장점을 찾을 수 있고, 드라마 주인공이 내뱉는 대사에서 자신감을 얻습니다. 롤모델의 책을 보고 진로를 결정하기도 합니다.

어떤 지점에서 빛이 날지, 어떤 잠재력을 지니고 있는지 아무도 모릅니다. 바로 지금, 내면에 숨겨진 잠재력을 깨울 때입니다. 수많은 자극으로 얼어붙은 잠재력을 녹여야 합니다. 잠재력을 지배하는 것은 뇌입니다. 뇌를 유지하는 데는 엄청난 에너지가 필요합니다. 인간의 뇌는 체중의 50분의 1에 불과하지만, 하루 에너지의 5분의 1이나 소모합니다. 많은 에너지를 소모하는 것 같지만 뇌의

성과에 비하면 아무것도 아니지요. 감동적인 스토리로 독자를 울리는 일부터 화성 탐사까지 못 하는 일이 없습니다. 우리 모두는 그런 뇌를 가지고 태어났습니다. 그런데 일부 학생들은 소중한 뇌를 쓰지 않습니다.

멍게는 붉고 울퉁불퉁한 겉모습을 하고 있습니다. 멍게비빔밥이나 무침으로 많이 먹지요. 어른 멍게와는 달리 어린 시절에는 올챙이 모양입니다. 나름 발달된 뇌와 신경계를 가지고 있고, 수영을 하면서 여기저기 돌아다닙니다. 하지만 성체가 되면서 식물처럼 바닥에 뿌리를 내리고 정착합니다. 움직일 필요가 없습니다. 식물이 뇌가 없듯이 멍게의 뇌도 에너지만 소모하는 거추장스러운 것이 되어 버립니다. 그래서 멍게는 어떤 선택을 할까요? 뇌와 신경계를 깔끔하게 먹어 치우고 남은 여생은 뇌 없이 살아갑니다. 쓰지 않으면 멍게의 뇌처럼 사람의 뇌도 사치처럼 느껴지겠죠.

부모님과 선생님은 아이들에게 "넌 마음만 먹으면 잘할 수 있어."라고 자극을 주려고 하지만, 학생들은 듣기 싫어합니다. "때가 되면 할게요. 언젠가는 할 거예요. 저 좀 내버려 두세요."

잔소리가 듣기 싫다면 먼저 행동하세요. 마음만 먹는다고 잘할 수는 없습니다. 지금이 바로 움직여야 할 때입니다.

목적지로 가는 과정에서 장애물을 만납니다. 이 녀석 정말 온몸으로 거부하고 싶습니다. 거머리처럼 착 달라붙어 조금 남아있던 의욕까지 쪽쪽 빨아먹습니다. 장애물이 의욕을 빨아먹기 전에 물리치는 힘, 실패를 맞닥뜨리는 힘을 역경지수^{AQ}라고 합니다. 지능^{IQ}처럼 숫자로 표현되는 건 아니지만, 중요하게 대두되고 있습니다. 사회가 워낙 빠르게 변화하고 있어 미래를 예측하기가 힘들어졌기 때문입니다. 역경지수가 높은 사람은 실패의 책임을 남에게 돌리지 않습니다. 그렇다고 자기 때문이라고 자책하면서 스스로를 혹사시키지도 않습니다. 장애물이 생기면 헤쳐나가기 위한 해결책을 찾습니다. 이 책은 역경지수를 올려 주는 책입니다. 읽다 보면 무언가 올라가고 있다는 느낌이 들 것입니다.

진로는 결말이 정해져 있는 영화가 아닙니다. 해피엔딩인지 새드엔딩인지 모릅니다. 여러분에게는 결말을 바꿀 시간은 많습니다. 패기를 보여 주세요. 무기력, 귀차니즘은 쓰레기통에 버리고 꿈을 향해 한 발을 내디뎌 보세요.

우리는 무엇이든 할 수 있습니다!

나는 언제나 만개한 꽃보다는 피어나려는 꽃봉오리를,
소유보다는 욕망을, 분별있는 연령보다는 청소년 시절을 사랑한다.
지이드

나는 내가 더 노력할수록 운이 더 좋아진다는 걸 발견했다.
토마스 제퍼슨

재능이 있거든 가능한 모든 방법으로 사용하라. 쌓아두지 마라.
구두쇠처럼 아껴 쓰지 마라. 파산하려는 백만장자처럼 아낌없이 써라.
브렌난 프랜시스